江苏高校"青蓝工程"资助

康德统觉理论研究

唐红光 著

东南大学出版社
·南京·

内 容 简 介

本书从康德提出统觉理论的思想语境出发,深入挖掘其核心范畴"统觉"的丰富内涵,继而对康德知识论中的诸多重要理论问题,如范畴的客观有效性证明,理性心理学有关"实体性""单纯性""人格性"的推理逻辑,范畴先验演绎与先验谬误推理的内在关联加以分析,最后考察了德国古典哲学家与现象学家又是如何批判地发展、改造康德统觉理论的。

图书在版编目(CIP)数据

康德统觉理论研究/唐红光著. -- 南京:东南大学出版社,2024.12. -- ISBN 978-7-5766-1496-1

Ⅰ. B561.31

中国国家版本馆 CIP 数据核字第 20243EH905 号

责任编辑:陈　淑　责任校对:张万莹　封面设计:毕　真　责任印制:周荣虎

康德统觉理论研究

Kangde Tongjue Lilun Yanjiu

| 著　　　者:唐红光
| 出版发行:东南大学出版社
| 社　　　址:南京四牌楼 2 号
| 出 版 人:白云飞
| 网　　　址:http://www.seupress.com
| 电子邮件:press@seupress.com
| 经　　　销:全国各地新华书店
| 印　　　刷:广东虎彩云印刷有限公司
| 开　　　本:700mm×1000mm　1/16
| 印　　　张:12.75
| 字　　　数:208 千字
| 版　　　次:2024 年 12 月第 1 版
| 印　　　次:2024 年 12 月第 1 次印刷
| 书　　　号:ISBN 978 - 7 - 5766 - 1496 - 1
| 定　　　价:69.00 元

本社图书若有印装质量问题,请直接与营销部联系。电话(传真):025-83791830

目录

导言 ……………………………………………………………… 001

第一章　康德统觉理论的思想语境 ……………………………… 009
第一节　早期现代哲学的主体理论 …………………………… 010
第二节　前康德哲学中的统觉思想 …………………………… 018
第三节　康德先验哲学体系视界下的统觉 …………………… 023
小结 …………………………………………………………… 031

第二章　统觉的概念 ……………………………………………… 035
第一节　统觉的双重含义 ……………………………………… 036
第二节　统觉的基本特征 ……………………………………… 049
第三节　两种误读及其回应 …………………………………… 053
小结 …………………………………………………………… 058

第三章　统觉与经验知识的建构 ………………………………… 059
第一节　统觉的客观有效性与范畴的先验演绎 ……………… 060
第二节　统觉概念的寻绎：从 A 版演绎到 B 版演绎 ………… 063
第三节　统觉的综合对象：经验性直观 ……………………… 074
第四节　统觉的经验性运用：从一般感性直观到经验性直观 … 077
小结 …………………………………………………………… 087

第四章　统觉与主体先天知识的限制 …… 089
第一节　主体先天知识产生的"合理性" …… 090
第二节　先验谬误推理的一般错误 …… 093
第三节　先验谬误推理产生的根源：误解了统觉的本性 …… 098
第四节　康德先验观念论对理性心理学的超越 …… 112
小结 …… 120

第五章　康德统觉理论的历史命运 …… 123
第一节　德国古典哲学对康德统觉理论的批判和发展 …… 124
第二节　现象学对康德统觉理论的重要改造 …… 131
小结 …… 137

附录一　如何理解康德的统觉概念 …… 139
附录二　康德统觉理论的两个维度 …… 157
附录三　康德人格概念的内涵演进及其哲学意义 …… 173

主要参考文献 …… 188

后记 …… 194

导　言

人是透过意识去认识世界的。意识活动有着自身的结构、功能和规定，而外在的事物只有在人的意识活动过程中转化为观念物才能为人所了解和掌握。当外在的对象转化成为人内在的观念时，它同时也就被人主观化了。因此，认识的内容和本质必定是围绕意识的活动展开的，认识的真理性必须建立在对意识本性的深刻把握基础之上。意识问题始终是哲学史、思想史包括现代科学发展中绕不开的一个极为重要的理论课题。

然而，把意识真正地视为哲学的基础和最后根据，以此寻绎出"统觉"（Apperzeption）这一最高的认识能力，从而建立起"知性一切运用的最高原则"，却肇始于康德哲学。我们知道，在《纯粹理性批判》的导言中，康德就提出"先天综合判断是如何可能的"这一基本问题。对这个问题的回答实质上也贯穿康德的整个批判哲学工作。康德认为，对于"物体是有广延的"的分析判断，其中主词"物体"与谓词"广延"是由于建立在矛盾律基础上的同一性而联结在一起的，我们仅通过"物体"的概念就可以分析出"广延"。所以分析判断所指向的先天知识是可以被先天地所认识，不需要借助于经验的后天观察。康德也将这种判断称为"说明性的判断"，以示谓词并没有给主词添加任何新的东西。而对于"物体是有重量的"的综合判断，由于我们并不能通过同一性从"物体"的概念中分析出"重量"（如太空中物体就会失重），必须通过经验的观察及归纳将重量这个外在于主词的概念添加给物体，因此综合判断所指向的后天知识只能通过某个相关的经验被后天地所认识。按照康德的看法，分析判断独立于任何经验的要素，是先天的判断；综合判断似乎都是后天的，因为我们需要依靠经验给主词添加新的内容。这就带来一个问题，即，先天综合知识如何可能？康德以十分肯定的口吻断定，人类知识中现实地存在着这样的先天综合知识，如数学和自然科学的原理既是先天的又是综合的，这些命题具有先天性，因为它们具有无法从经验中获取的必然性；它们也具有综合性，因为它们仍然借助于直观。于是，在"一切发生的事都是有原因的"这个判断中，谓词"原因"虽然不是被包含在主词"一切发生的事"的概念中的，但它们的联结却被看成是必然的，我们要回答的问题就是为什么会这样。追问知识的可能性条件，确切地说，主体如何能"综合"经验材料以形成普遍必然的知识是康德哲学的一个极为重要的理论主题，直接导致康德走上了统觉意识的研究之路。

在康德的理论话语体系中，一般意义上的意识活动是建立在"心"（Gemüt）的基础之上的。在《纯粹理性批判》第二版的一个重要的注释中，康德指出"心"有三种能力，即感官、想象力和统觉，并说道："在这上面就建立起了1）通过感官对杂多的先天概观；2）通过想象力对这种杂多的综合；最后，3）通过本源的统觉对这种综合的统一。"① 按照这种对"心"的能力的解释，意识活动主要涉及感官、想象力和统觉的三种认知能力。在《判断力批判》的导言中，康德赋予"心"以更宽泛的含义。他指出，"所有的心灵能力或机能可以归纳为这三种不能再从一个共同根据推导出来的机能：认识能力、愉快和不愉快的情感和欲求能力"。② 按照康德的哲学体系，认识能力就是《纯粹理性批判》中重点阐释的不可还原的感官、想象力以及统觉，欲求能力主要针对《实践理性批判》中意志的规定根据，而愉快和不愉快的情感就是《判断力批判》的研究对象美和艺术。按照这种对"心"的重新解释，实质上三大批判所涉及的认识机能和心意机能都可列入意识活动之下。但需要明确的是，在康德那里，意识首先是被用来解释关于表象的认知，其本质是一切知识的先天条件。实际上，康德本人确实也频繁地使用意识（Bewußtsein）与自我意识（Selbstbewußtsein）这两个术语。一些研究者甚至还指出，康德在使用Bewußtsein时，有时用它指代简单的意识，有时却表示自我意识。③ 我们姑且对康德"意识"术语的词义

---

① 康德. 纯粹理性批判[M]. 邓晓芒, 译. 北京: 人民出版社, 2004: 85.
② 康德. 判断力批判[M]. 邓晓芒, 译. 北京: 人民出版社, 2007: 11.
③ Guyer就认为，康德在A版中从意识推出自我意识的论证是不合理的，因为如果统觉只涉及第一人称的意识，那么，我们可以对此反驳道：第三人称的主体将意识归属于那个第一人称，但其自身并无自我意识。参见：GUYER P. Kant on apperception and "a priori" synthesis[J]. American Philosophical Quarterly, 1980, 17(3): 210.

分歧不予评论，有一点是确凿不疑的，即康德关注的始终是"先验的意识"。康德在相关文本中往往又把"先验的意识"表述为"先验统觉"——思维只有经过这一统觉的作用才形成整体，知识才得以形成。因此，可以说，康德统觉理论真正构成了其意识论和知识论的核心。

  长期以来，学界在诠释康德的统觉理论时往往将目光聚焦在统觉对于经验知识形成的作用方面。这是因为，康德哲学一开始面对的早期现代哲学的问题就是如何解决主观和客观之间的一致。统觉是解决这个难题必需的一个核心概念。我们知道，古代哲学在这个问题上主要是从客体的角度去看待主客体的关系，取得的成果相对而言还比较粗浅。只是早期现代哲学家将哲学的重心转向认识论后，试图从主体的认识能力出发解决认识的可能性问题，才对问题本身及其相应的解决方案做出了实质性的推进工作。在哲学史上，康德提出统觉概念的重要意义首先就在于，实现了自笛卡尔至休谟哲学以来所形成的经验心理学、理性心理学这两派哲学知识的综合，更为合理地解决了主客体相一致的问题。康德的统觉理论无疑代表着当时思辨哲学的最高成就。正是出于这样的前提和背景，学界不免会把研究重心落在《纯粹理性批判》的"范畴的先验演绎"相关文本上，探究统觉建构客体知识的原理及相关论证。

  从 20 世纪末开始，国外学界对康德统觉理论的阐释定向似乎发生了明显的变化。一是以 Brook 为代表的学者就如何对康德杂多的统觉思想内容进行甄选和归类进行了系统的梳理和阐释。[①] 他将其概括为六个方面：（1）统觉的自我意识与经验的自我意识的区分；（2）统觉自我意识的自指却并不确认主体的特征；（3）统觉自我意识的表象基础理论；（4）统觉自我意识的"空"性的特点；（5）统觉自我意识的统一性理论；（6）我们不能由它表象我们自身所是。其中，（1）（3）（5）出现在"范畴的先验演绎"中，（2）（4）（6）则出现在"先验谬误推理"中。Brook 认为 Sellars 在康德统觉概念问题上的某些见解是正确的：谬误推理的主题"思维的我"与先验演绎的主题"统觉的我"是

---

① BROOK A. Kant and the mind[M]. New York：Cambridge University Press，1994.

一致的。① 但 Brook 也批评 Sellars，认为她与其他的研究者一样并没有讲清楚"我"的具体内容，更不用说这些内容之间的逻辑关联了。因此，Brook 将前人的研究向前推进，力图揭示康德《纯粹理性批判》中的谬误推理在何种意义以及何种程度上是先验演绎主题的延续。二是以 Klemme 和 Ameriks 为代表的学者相继提出"主体哲学"② 和"心灵理论"③，在学界引起强烈反响。他们重新审视先验谬误推理的主题，并提供给读者解读统觉理论的另一个新的维度——主体。平心而论，Brook 针对统觉的概念所展开的细致而缜密的分析，特别是他提出的统觉的自指示功能以及先验幻相如何源于先验演绎的相关论述，对我们的研究具有很大的启发作用；Klemme 和 Ameriks 的研究致力于先验谬误推理的学理探讨，提出了一些新看法，也极大地开拓了我们研究康德统觉理论的视域空间。但前者所有有关统觉的论述都是为阐明"心灵是整体表象"（global representation）这一主题服务的，这在一定程度上既违背了康德关于心灵本质的看法，也忽略甚至割裂了康德本人对统觉理论众多内容的划分原则；后者的研究虽催生出康德统觉理论新的理论生长点，但如何将主体知识问题前后一致地置于康德的整个统觉思想中加以考察和理解仍是晦暗不明的。

问题的关键在于，以统觉为中心概念的康德相关哲学思想是否存在内在的逻辑关联。如果对此的回答是肯定的，那么应如何把先验谬误推理和范畴的先验演绎的主题置于康德的统觉理论中加以理解，并揭示两者之间的逻辑关系。

我们的方法是"回到康德"，真正地回归康德文本。康德本人在《纯粹理性批判》中明确地赋予统觉意识两个根本性的规定，即统觉（我思）既表达了一种"可能的必然性"④，又是一种"实在"的自我意识⑤。当统觉作为一种逻

---

① SELLARS W. "... this I or he or it (the thing) which thinks..."[J]. Proceedings and Addresses of American Philosophical Association，1970-1971，44：5-31.
② KLEMME H. Kants philosophie des subjekts[M]. Hamburg：Meiner，1996.
③ AMERIKS K. Kant's theory of mind：an analysis of the paralogisms of pure reason[M]. Oxford：Clarendon Press，2000.
④ 康德. 纯粹理性批判[M]. 邓晓芒，译. 北京：人民出版社，2004：89.
⑤ 同④301.

辑上存在的可能的必然性时，它涉及的是经验的"形式上"的或者说"先验"的条件；当统觉作为一种现实中存在的实在性时，它涉及的就不只是一个先验的原则，而且直接关系到统觉的主体的实存。如此看来，我们可以做出以下判断：在先验演绎中，统觉的"我思"虽然是作为先验的自我意识被提出的，但康德对这种意识本身是怎样的论述并不多，主要就这种意识在经验对象的构成方面如何起作用加以阐明；在谬误推理中，康德才将统觉的内涵落实到对主体的作用方面，即探讨先验统觉的意识与主体的实存（及其认识）有着怎样的关联，而这一点是先验演绎部分很少涉及的。由此可见，康德统觉理论在其理论哲学领域无非存在着两个基本面向，一是对象经验，一是主体实存。依据康德对这两者的理论态度，我们便可以进一步将康德统觉理论的两个面向分别阐释为"统觉与经验知识的建构"和"统觉与主体先天知识的限制"。

这样一来，统觉理论研究之于康德先验哲学体系的重要性及理论价值就越发明晰了。

其一，康德统觉理论试图从建构对象经验的先天综合知识的角度，为自然科学如何可能找到最终的依据，回答了"纯粹自然科学是如何可能的"这一问题。康德在人的既有的经验和现象意识中寻绎出逻辑和一切知识的最高原理，"整个人类知识中的至上原理"[①] ——统觉原理，并论证它的客观有效性。按照康德的观点，统觉是作为思维的形式而对经验具有建构作用的，统觉的综合统一是认识的"最高点"。我们要想形成经验对象的先天综合判断就必须要求主体发挥能动性的统觉综合作用，需要统觉的客观统一性。一言以蔽之，纯粹自然科学之所以可能，归根结底正在于先验统觉的客观统一性。

其二，康德统觉理论从消解主体先天综合知识的批判性角度，驳斥了理性心理学独断的哲学企图，（部分地）回答了"形而上学作为自然倾向是如何可能的"这一问题。康德的统觉理论揭示出，理性心理学正是出于对统觉意识的误解才会仅由"我思"的原则推导出关于主体的先天综合知识，而消除误解就意味着限制主体知识的扩展。质言之，作为独断形而上学的理论形态之一的理

---

① 康德.纯粹理性批判[M].邓晓芒,译.北京：人民出版社，2004：91.

性心理学的"灵魂学说"①，其作为自然倾向之所以可能就在于，纯粹理性自然而然地用知性范畴去认识超验的灵魂，根源则是对统觉的误解。值得注意的是，唯理灵魂学的"灵魂是实体""灵魂是单纯的""灵魂是人格性"等命题虽然只限于康德统觉概念的应有之义，本身不具有经验的实在性，但康德认为这些命题仍然可以有条件地加以保留，条件就是在"理念"中不在"实在性"中用灵魂去表示实体。按照康德的见解，虽然缺少实在性的"实体性""单纯性""人格性"理论哲学几乎没有任何意义，但它们对实践哲学意义重大。

其三，由以上两点可引申出，康德统觉理论开辟了通往人的自由之路，为康德道德形而上学的建立奠定了稳固的基础，指明了"形而上学作为科学是如何可能的"基本方向。如果说，前面两个面向的康德统觉思想为建筑自然科学的形而上学的大厦清理了地基，那么在这个过程中，实质上其也为道德形而上学的建立夯实了基础。在理论哲学中，康德统觉理论取得的重要成果之一便是把真正的"我"——本体自我的存在从理论领域的自然必然性中拯救了出来，给自由留下了实践领域的地盘。康德推论出先验自由的理念，为论证自由的实践哲学做了先行准备，并为之建立起一个形而上学的体系。为了使统觉原理和自由意志的法则不冲突，康德在对现象和自在之物进行本体论区分的同时，将人的理性划分为理论理性和实践理性，其中理论理性针对现象界，由先验统觉的意识保障知识的客观性，实践理性针对自在之物，由自由意志的自律保障道德的合法性。既然康德哲学研究的出发点是解决人的自由问题，同时其哲学中的实践理性的地位又优于理论理性，那么就先验统觉和自由意志两者的关系而论，虽然两者分属于不同的领域，是分裂的，但从根本上说前者必然导向后者。在《判断力批判》中，康德着力于用反思判断力—目的论来调和理论理性—统觉法则和实践理性—自由之间的冲突。总而言之，厘定康德统觉概念导向人的自由的向度，把握自由之于道德形而上学体系得以建立的必要性，无疑在

---

① 这是康德描述理性心理学家关于"内感官的自然之学"所使用的特定术语。（康德. 纯粹理性批判[M]. 邓晓芒，译. 北京：人民出版社，2004：331.）而"灵魂"这个概念着重突出了其与"肉体""物体"概念的对立关系。灵魂学说后来被学界一般称为"自我学说"或"主体学说"。本书视"灵魂学说"（以及"灵魂"的概念）所处的具体语境选择性地将其替换为"主体学说"（及"主体"）或者"自我学说"（及"自我"）。

康德是如何真正解决"形而上学作为科学是如何可能的"这一问题上迈开了关键性的一步。

基于上述认识,本书首先从康德统觉理论的思想语境展开,深刻剖析其核心范畴——统觉的概念。其次,对统觉概念的运用维度分别加以阐释,一是诠释康德如何论证统觉的客观实在性,二是分析康德如何基于统觉概念对理性心理学进行批判,以表明任何试图扩展主体的先天综合知识的意图都是徒劳的。最后,考察由费希特开始的德国古典哲学家对康德统觉理论的批判性继承和发展,以及探究现象学家在建构自己的哲学体系时又是如何受到了康德统觉理论的启发。

第一章

康德统觉理论的思想语境

在回应早期现代哲学如何解决主体与客体相一致即认识如何可能的问题时，康德清楚地意识到经验心理学和理性心理学的主体理论所面临的困境，通过研究先天综合判断如何可能这一问题，确立起统觉的至上原则，从而实现了哲学上的一次历史性变革。从概念的发展史来看，莱布尼茨、沃尔夫对统觉的阐发无疑对康德产生过巨大的影响，而与沃尔夫同时代的法国哲学家梅里安（Merian）关于统觉概念的思考，对我们理解康德的统觉理论也比较重要，有研究表明，康德极有可能阅读过梅里安的论文。当然，康德的统觉理论又是立足于他自己的先验哲学，其一般指向也就为先验哲学的构筑体系和哲学方法所规定。因此，总体看来，我们可以从早期现代哲学的主体理论、前康德哲学中的统觉思想、康德先验哲学体系视界下的统觉三个方面来梳理康德统觉理论提出的思想语境。

第一节 早期现代哲学的主体理论

理性心理学家与经验心理学家对知识的基本立场持不同的态度，这使得他们在如何理解主体的问题上也不同。理性心理学家普遍认为，一切事物的本性都可以通过人的理性来发现，任何普遍性的知识都完全可以仅仅通过理性固有的天赋观念，通过严密的逻辑推演而得出。感觉经验只是个别的、偶然的，不能提供确实可靠的知识。经验心理学家则认为，所有的知识必然来源于对外部事物的感觉经验，所有的法则也只不过是对经验的归纳和概括。与知识的原则分别确立在"理性"和"经验"相一致，早期现代哲学内部也分化出两种截然对立的关于主体的学说。理性心理学家认为我们天生就拥有一个确定性的自我观念，并拥有关于主体的先天知识；经验心理学家则试图以经验的立场去研究自我，最终却抛弃了自我的观念。

一、理性心理学的主体理论

严格说来，关于主体的确证肇始于笛卡尔的"我思故我在"。在笛卡尔那里，自我的实存通过普遍怀疑的方法得以真正确立。笛卡尔的普遍怀疑虽然假定一切事物是可疑的，但它不同于古希腊哲学的怀疑主义，因为他是要通过怀疑的方法最终获得某个不可怀疑的、确定性的东西。笛卡尔首先认为，现实中某个事件的发生是可以被质疑的。以睡梦为例，笛卡尔认为我们在睡梦中会以为自己真实地经历某个事件，我们穿着衣服坐在炉火旁边，睁开眼睛，伸手，等等。但这些都是虚幻的假象。现实世界中某些事件的发生完全可以与睡梦一样，是虚假的。由于睡梦中的物必然与自然界中实存的物相对应，睡梦中的事件的发生必须以现实中的物的实存为前提条件，因此他将怀疑推进到了现实中的物的实存。笛卡尔认为自然界中的物，比如眼睛、脑袋、手，以及身体的其余部分，从理论上讲也有可能是我们幻想出来的，并不是真正存在的。最后，笛卡尔将怀疑矛头直接指向通常被我们认为是确凿无疑的数学知识，他对此说道："也有可能是上帝有意让我每次在二加三上，或者在数一个正方形的边上，或者在判断什么更容易的东西（如果人们可以想出来比这更容易的东西的话）上弄错。"①

通过这种彻底怀疑的方法，笛卡尔发现尽管世界上什么都可以怀疑，但"我在怀疑"本身却是不容置疑的。我们可以设想没有身体，没有感知的物理存在，甚至没有造物主上帝的存在，但我们不能怀疑存在着一个怀疑着的执行者。当我们断言"一切都可以怀疑"时，"我"作出这个判断的活动自身决定必定是无疑的。可以看出，笛卡尔的"我在怀疑"与"我在思维"表达的是同一个意思，怀疑、思维的活动不能离开活动的思维者，如此一来，"我思故我

---

① 笛卡尔. 第一哲学沉思集[M]. 庞景仁, 译. 北京: 商务印书馆, 2007: 18.

在"在笛卡尔那里正式成为最为基础的第一命题。

于是,"我"就是一个纯思维的实体性存在,"一个在思维的东西……一个在怀疑,在领会,在肯定,在否定,在意愿,在不意愿,也在想象,在感觉的东西"①。而"我"的本质属性就是"思","假如我停止思维,也许很可能我就同时停止了存在"②。笛卡尔把思维设定为主体的属性、功能,并把思维作为唯一能够确证自我的东西,把自我确立在了思维与存在同一的自身确定性中。笛卡尔认为,思维的"我"之所以是实体,原因就在于"我思"自身蕴含着"我思"的规定根据——"我在"。可见,笛卡尔把思维自我思考为精神实体,也就把"思"和"我"融进该实体中。"我思故我在"的重大意义也正在于,它保证了"我思"的纯粹思维形式之确定性。笛卡尔把这种确定性的根据建立在根深蒂固的形式逻辑的同一性之上,因而是"清楚明白"的观念。

为了保证自我的观念的"清楚明白",笛卡尔抽象掉了"我思"所有的具体内容,获得了一个"空"的自我,然而这种做法至少会产生两个问题。第一,自我甚至不能保证自身持续地在每一个时刻都存在,正如上文所说,"假如我停止思维,也许很可能我就同时停止了存在"。换句话说,被思维确定的自我在笛卡尔那里只能保证当下时刻的"我"存在着。笛卡尔指出,我们全部生命的时间是由无数不连续、独立的瞬间构成的,因而作为理性存在者的我们依靠自我的意识只能意识、把握当下的"我",同时每一瞬间中的"我"并不能保证另一瞬间的"我"是同一个"我"。③ 如果笛卡尔否定掉自我在时间序列中的行动的同一性,就等于否认了自我的持存性。如果否认了自我的这种持存性,再承认自我的确定性将变得无意义。第二,自我被严格限制于自身之中,自我说到底什么也"思"不了。按照笛卡尔普遍怀疑的原则,不论具体的思维怎样,思维之所以是确定的,原因就在于其自身具有纯形式的思维特质,一旦离开了这种规定它就不能再是"清楚明白"的。所以在每一种类型的思维中(可以是观念,可以是意志,也可以是判断),思维的我总是将自己隔绝在思维

---

① 笛卡尔. 第一哲学沉思集[M]. 庞景仁,译. 北京:商务印书馆,2007:27.
② 同①26。
③ 同①50。

的内部，不能被外在的事物、世界所突破。

笛卡尔显然意识到了上面的问题，所以他诉诸上帝，试图消解自我所带来的困境。上帝的存在既可以保证上帝在"我"的每一刻中创造"我"，把自我的存在设定为持续的存在，又可以保证"我"可以超越自我的局限，将"我思"设定为对他物的认识。所以，笛卡尔试图从"清楚明白"的"我思故我在"出发论证上帝的存在。他认为，既然思维的确定性是由"我怀疑"来加以确定的，那么这一事实恰恰说明了自我是不完美的，是有限的。在这种有限的实体之外就必须设想一个原因上完满、无限的上帝观念。这就是笛卡尔从上帝观念引出的论证思路。作为天赋观念的上帝观念是完满的，也是终极存在，它必定包含着存在的属性。正是上帝的存在保证了万物（物质实体）与自我（精神实体）的存在。如此一来，在笛卡尔哲学中，精神实体的第一原理要让位给这个作为万事万物的第一因上帝，上帝赋予我们每一个人永不出错的认识世界的"自然的光"。经过一系列的阐释和论证，笛卡尔把最真实原则从"我思"转为上帝，而我们不再是仅仅从"我思"那里就可以认识事物，还必须从上帝出发才能引出一切创造物："'凡是我们十分清楚、极其分明地理解的都是真的'，其所以确实可靠，也只是由于神的存在，神是一个完满的存在者，我们心里的一切都是从神那里来的。"①

从笛卡尔开始，理性心理学发展至莱布尼茨那里终究形成了蔚为壮观的关于主体先天知识的完备体系。主体的"我"在莱布尼茨那里实质上就是单子，因而单子的一般规定就成了主体的基本特征。那么单子具有哪些特质呢？在莱布尼茨看来，既然存在的事物是复合的，它们就必须是由一些单纯的、不可再分解下去的东西构成的，那么我们就必须承认有一个不可分的"点"存在。由于这个不可分的"点"构成了整个世界，而世界又是一个连续的整体，所以这个"点"不能是物质性的。因为物质性的"原子"有广延，原则上是可分的，而且肯定了原子的物质性就必须承认它的运动条件"虚空"，这样原子彼此之间就是分开的了，世界就不能是连续的一个整体性的存在了。所以莱布尼茨把

---

① 笛卡尔. 谈谈方法[M]. 王太庆，译. 北京：商务印书馆，2000：33.

单子描述为"形而上学的点":"……物理学的点仅仅表面上看起来是不可分的。数学的点是精确的,但它们只是一些样式。只是形而上学的点或实体(它们是由形式或灵魂所构成的)才是既精确而又实在的。"① 在这里,莱布尼茨把构成万物的单子看成形而上学的点,它不像"物理学的点"那样虽然存在但在原则上却不是不可分,也不像"数学的点"那样虽然不可分但只是"广延性的极限",不是真正的实在。从莱布尼茨对单子的最初设定的意图来看,单子首先必须是不可分、单纯的实体。由于单子是构成万事万物的最终单元、实体,它原则上必须不可分,因为可分的东西必然会归于消失、灭亡。真正意义上的实体就应当具有无限性和不可分性的"权利",真正的单元是绝对不可分解的。② 其次,单子自身是自足的、独立自在的存在,它本身包含自身存在的充足理由。莱布尼茨对此说道:"一个被创造的实体,从严格的形而上学的意义上说并不能对一个实体发生作用,一切都来自每一实体自己内部……这种实体的独立性或自发性远远超过了人们的想象。"③ 作为实体的单子必然有其偶性,偶性依赖于作为它的主体的实体,所以偶性在表现自己实体性的同时,自身并不自足。再次,单子自身必须是能动的。单子的独立自足性决定了它必须是能动的,因为其他变化的事物既然依赖于实体,那么只有设定一个能动的实体才能解释这些事物的变化。最后,单子还必须具有单一性的特征。单子既然是独立自足的,那么它必须基于同一性将关于它自身不同时刻的状态联系在一起,这种同一性就是实体自身的不变性、同质性。莱布尼茨不是用量,而是用质来规定单子,单子之间必然存在着质的不一样,同时,作为最终单元的实体必须依赖于独一无二的单一性与其他物区别开来。

所以主体是不可分、单纯的实体,是自足的、独立自在的,是能动的、单一性的存在。然而问题是,单子构成了世界的最小单元,其自身是自足、封闭的,那么互不联系的单子为什么能够构成一个相互联系的系统的世界呢?为了回答这个问题,莱布尼茨诉诸上帝的"预定和谐"说。上帝在创造世界万物之

---

① 莱布尼茨. 新系统及其说明[M]. 陈修斋,译. 北京:商务印书馆,1999:7.
② 同①29.
③ 同②.

第一章 康德统觉理论的思想语境

前就已经把每一个单子的内在秩序以及将要发现的历程、内容安排好了。每个单子只要按照上帝事先预定的"和谐"将自己内在的内容不断展现出来，就可以和其他的单子之间相互协调一致。也就是说，每一个单子的发展及与周围单子的关系都是上帝的安排。

二、经验心理学的主体理论

理性心理学家在解决知识的可能性问题时建立起了主体理论，确切地说是实体理论。主体—实体在他们的哲学体系中无一例外地依赖于上帝的存在，原本确定性的主体—实体最终却演变成仅仅具有认识论上短暂的逻辑前提地位，从根本上丧失了理性绝对的主体地位。为了纠正理性心理学的偏误，经验心理学又是如何做的呢？

洛克反对笛卡尔将"我"看作天赋观念的观点，他把一切知识的来源都归结为感觉和反省这两种我们主体所拥有的能力。他认为我们的一切知识（观念）都建立在经验之上，这样的经验只有两种：一种是感觉，一种是反省。感觉和反省构成了我们心灵的一切观念，洛克对此说道："我们因为能观察所知觉到的外面的可感物，能观察所知觉、所反省到的内面的心理活动，所以我们的理解才能得到思想的一切材料。"[①] 感觉是心灵通过感官对外物作用得到的感受，是关于外部的经验。反省是心灵对于它自己内心作用的感受，是关于内部的经验。这两种经验一起提供给我们的理性以思维的材料。

但我们主体是如何知道"我"在感觉或者在反思的呢？洛克诉诸"意识"的概念："观念是思维的对象——人人既然都意识到，自己是在思想的，而且他在思想时，他的心是运用在心中那些观念上的……"[②] 洛克在这里主张思想（思维）的存在及活动是以意识为前提的：只有当我们意识到自己在思想时，思想才存在、活动着，当我们处于无梦的睡眠状态时则无法证明心灵还在思想。

---

① 洛克.人类理解论（上册）[M].关文运,译.北京：商务印书馆，2015：74.
② 同①73.

因此，在洛克看来，人之所以能成为主体也正在于人有"意识"。① 关于这种主体，洛克进一步解释道："因为意识既然常常伴随着思想，而且只有意识能使人人成为他所谓'自我'，能使此一个人同别的一切能思想的人有所区别，因此，人格同一性（或有理性的存在物的同一性）就只在于意识。而且这个意识在回忆过去的行动或思想时，它追忆到多远程度，人格同一性亦就达到多远程度。现在的自我就是以前的自我，而且以前反思自我的那个自我，亦就是现在反思自我的这个自我。"② 意识能够伴随着思想，意识永远能够伴随当下的感觉、知觉并能"追忆"下去，所以意识能够保证人格的同一性，即自我的同一性。自我由此就成为变化着的不同时间中的不变者、自身同一者。洛克所描述的主体借助意识的延续性克服了笛卡尔将主体只是设定在断裂的时间中导致的"我"的非持存性缺陷。这里需要强调的是，洛克所说的"意识"实质上是自我意识，是一种随感觉和思维共生的直觉意识、当下的自我意识，更主要的是一种作为记忆的意识。按照洛克的说法，意识在"回忆"着过去的思想和行动，它追忆到多远，自我也就达到多远。但洛克将主体完全依赖于这种时间意识的记忆的做法，仍然会陷入笛卡尔主体理论的困境。因为我们的记忆毕竟会出错，甚至在某个时间段会断裂，如此一来，不同时间序列中的自我如何还能保持自我的同一？由此看来，主体在洛克那里只是经验的自我。

贝克莱把洛克的经验自我推向了主观感知的自我③，进而否认我们拥有关于主体的任何观念。如果说洛克的经验论还承认感觉经验源于外物"物质实体"刺激的话，贝克莱则直接否定了这种外物的实在性，把物直接看成观念的集合。既然物只是观念的集合，而观念又是依赖于心灵的，那么："要说有不思想的事物，离开知觉而外，绝对存在着，那似乎是完全不可理解的。"④ 这就是贝克莱著名的"存在就是被感知"论断。贝克莱主张：我们主体对事物的感

---

① 洛克. 人类理解论（上册）[M]. 关文运,译. 北京：商务印书馆，2015：334.
② 同①.
③ 温纯如. 康德自我学说的理论渊源[J]. 安徽大学学报（哲学社会科学版），2004(5)：15.
④ 贝克莱. 人类知识原理[M]. 关文运,译. 北京：商务印书馆，1973：19-20.

知状态直接决定该事物的存在与否。而至于这样一个观念的承载者——感知主体又是一种怎样的存在呢？贝克莱认为我们对它并没有观念，只能靠直觉来获知。在这一点上，贝克莱显然不赞成理性心理学所认为的我们拥有一个清楚明白的"我"的概念的观点，在他看来，观念就其本性来说是被动的、惰性的，它们自身不能表象拥有观念的承载者。退一步讲，即使我们拥有某些关于自我的概念，我们也不能对它形成任何的观念。

休谟的怀疑论不仅体现为对外物的怀疑，也体现为对主体的怀疑。首先，休谟虽然与贝克莱一样否定物的客观实在性，但他与贝克莱的那种将物归结为观念，进而取消了感觉的来源不同，他仅对感觉的来源持怀疑态度，继而主张外物不可知。其次，他与贝克莱一样认为我们没有关于主体的观念，原因很简单：既然观念来自感觉印象，那么我们如果存在关于主体的观念的话就必然有对应的印象，但事实是并不存在恒定不变的印象。所以休谟将主体只看作"一束知觉"："只是那些以不能想象的速度互相接续着，并处于永远流动和运动之中的知觉的集合体，或一束知觉。"① 当休谟将主体都看作不可知时，这就意味着因果性的观念失去了支撑它们的客观实在性。所以在休谟看来，因果性的观念也是来自经验，而不是理性能力。我们之所以能够从一个事物的原因获得结果，只是因为原因和结果这两个观念存在着接近关系和接续关系，是我们对事物之间恒常出现的先后关系和接近关系的一种习惯性期待和联想。因果关系至多是一种主观必然性。

从上面的论述可以看到，在解决知识的确定性和可能性问题时，理性心理学家和经验心理学提出的主体理论都陷入了困境。一方面，在理性心理学家那里，主体—实体最终无一例外地都依赖于上帝的存在，原本确定性的"我"之观念演变成了仅仅具有认识论上短暂的逻辑前提地位，仅仅服务于逻辑展开的需要，主体—实体从根本上丧失了理性的绝对自主性的主体地位。另一方面，经验心理学家不管怎么抽象演绎始终不能彻底摆脱经验给主体的确定性造成的限制，无法达到真正的自我同一。经验心理学发展到休谟那里，主体的存有本

---

① 休谟. 人性论[M]. 关文运,译. 北京：商务印书馆，1980：282-283.

身竟也受到了质疑。这说明，主体无法确立在单纯经验的基础上，只有超越经验才能为它找寻一个可靠的基础。

第二节

前康德哲学中的统觉思想

先验统觉的概念是康德先验哲学之"先验"的独特产物。但"统觉"并非康德本人所创制，它最早由莱布尼茨提出。莱布尼茨创制"统觉"时用的是法语"l'apperception"，后来，沃尔夫用拉丁文的统觉"apperceptio"表达自己的思想。① 对于康德来说，他显然熟知莱布尼茨和沃尔夫的哲学，其中自然包括他们的统觉概念。除此之外，与沃尔夫同时代的法国哲学家梅里安也对统觉的概念进行了单独的分析，并且他的许多观点与康德的思想有相似之处。Thiel 指出，康德极有可能阅读过梅里安讨论统觉概念的论文。② 对梅里安统觉概念的说明有助于我们更好地理解康德。

一、莱布尼茨的统觉思想

在莱布尼茨那里，统觉被作为单子的某种程度的知觉被提出。莱布尼茨之所以主张每一个单子都是有知觉的，是因为要解决这样一个问题：自身不可分的单子如何能够构成一个互相联系着的作为整体的宇宙？在莱布尼茨看来，单子之所以是能动的、精神性的实体，根本原因在于单子内部隐含着一种"力"。莱布尼茨在解释万物运动的原因时与当时机械唯物主义特别是笛卡尔和斯宾诺莎的基本立场是完全不同的，后者把物质本身看成是惰性的，把物质的属性仅仅归结为广延，进而只能把物质运动的原因归于某种外在事物的推动。莱布尼茨在解释事物运动的原因时，除了要肯定单子的能动的特征外，最重要的是要

---

① THIEL U. Between Wolff and Kant: Merian's theory of apperception[J]. Journal of the History of Philosophy, 1996, 34(2): 214.

② 同①228.

为这种特征找到一个根本的立足点，这个立足点即是"力"，亦称作"原始的力"，以表明"单子"的"原本的活动"特征。莱布尼茨说："我们得把那些目前已身价大跌的实体形式重新召回，并使它恢复名誉，不过，要以一种方式使它可以理解，要把它的正当用法和既成的误用分开……亚里士多德称这些形式为第一隐德来希，我则称之为原始的力，或者更可理解，它不但是包含着实现或可能性的完成，并且还包含着原本的活动。"① 莱布尼茨的这种关于"力"的观念源于经院哲学的"实体形式"。实体形式有两个特征，一是这种形式仅仅是一种纯粹的作用能力，二是这种作用能力必须在某种外部力量的激发下才能真正实现出来成为实在的。莱布尼茨对实体形式的改造就在于，把需要外部力量激发的条件变为单子自身内部自发的能动性，也就是将单子内部的力看成是自身能动的精神的能力。

在确立了力，即精神能力之后，莱布尼茨就开始用"知觉"和"欲望"去解释单子是如何基于自身的能动性而发生变化的。这种变化不是物理性质的变化，而是单子自身所包含的"知觉"的变化。与此相应，引起变化的原因也不是外在的物理的力的作用，而是内在的"欲求"（Begehren）的推动。所谓欲求就是从一个知觉转换、过渡到另一个知觉的那个内在原则的活动。② 莱布尼茨一旦赋予单子以知觉，也就可以从单子的内在性出发去说明单子与单子之间的可区分性。因为单子的能动性能够体现在每一个单子都是具有知觉的，而每一个单子都可以借助自己的知觉去反映整个宇宙的一个"观点"，所以具有不同知觉的单子能反映不同的"观点"，每一个单子依赖于反映的不同程度进而有着质的差异。

正是由于每个单子都具有的知觉的程度不一样，莱布尼茨提出统觉的概念。每一个单子的知觉由于"清晰程度"不同被莱布尼茨在类上分为五种。最低等级的知觉非常微弱，很难被察觉，可被称作"微知觉"，拥有这种微知觉的单子也就是最低级的，如无生命的无机物石子等。比微知觉程度高点的知觉是较为清晰的知觉和记忆能力，拥有这种知觉的单子就是动物。再往上，比较

---

① 莱布尼茨. 新系统及其说明[M]. 陈修斋,译. 北京：商务印书馆，1999：3.
② 莱布尼茨. 神义论[M]. 朱雁冰,译. 北京：生活·读书·新知三联书店，2007：483.

清晰的知觉和记忆更高级的便是"统觉"，即清晰的自我意识、反省、理性推理能力，这是人类心灵独有的。比人的心灵更高级的是诸如精灵、天使之类，其高于人类单子之处在于，他们具备传递各级单子信息给最高级单子的能力。最高级单子在莱布尼茨那里自然是上帝，他创造了其他单子，是宇宙秩序的源泉。整个宇宙由此就构成了各不相同的无限等级系列，又因为相邻等级的单子的无限接近而相连，所以不可分的单子可以构成连续性的世界整体。

从莱布尼茨对单子种类的划分，我们可以引申出两点结论。第一，统觉不同于纯粹的知觉。事实上，在《神义论》中，莱布尼茨非常明确地描述了两者的区别："这种自身在单一性或单一实体中包含和体现着众多性的暂时状态无非是人们称之为知觉（Perzeption）的东西。这种知觉必须——如下文将指出的——与统觉（Apperzeption）或者自觉的观念（bewußte Vorstellung）区别开来。"[①] 这里的引文表明，知觉只是一种单一实体中复杂的表象状态，而统觉是一种自觉的观念，是我们关于知觉的复杂状态本身的意识。换言之，知觉是我们心灵中持续的状态，而统觉是伴随这种状态的意识。第二，莱布尼茨将人的灵魂所拥有的统觉、自我意识看作真正推理的能力，并且这种推理的能力不是别的，正是理性能动性特征的本质体现，是我们获得明晰知识的高级能力。需要注意的是，在莱布尼茨那里，统觉除了是清晰的表象能力外，它自身还具有提供给自我以认识材料的功能，这一特征也决定了"它（统觉）可以亲知特殊的存在物，即自我及其诸状态"[②]。也就是说，莱布尼茨肯定了主体具有理智直观的能力，仅凭统觉我们就可以获得有关主体自己的知识。

莱布尼茨并没有止于人类的单子，而是在其"之上"设定了一种超越人类精神的更高级的精神存在，即上帝的存在。既然莱布尼茨把全宇宙看成是由无数单子按高低等级排列的一个无限连续序列，那么他必定会为这个无限连续系列找一个顶端的存在，即上帝。上帝的存在为其他单子提供了一种"完满性"，用莱布尼茨的话说："不过在上帝之中这些属性是绝对无限或完满的，而在创

---

① 莱布尼茨. 神义论[M]. 朱雁冰,译. 北京：生活·读书·新知三联书店，2007：483.
② BROAD C D. Kant[M]. London: Cambridge University Press, 1978: 240.

造出来的单子……中,则只是按照具有完满性的程度而定的一些仿制品。"① 这表明莱布尼茨将其他的单子看成是被上帝创造出来的。当莱布尼茨既将上帝设为所有单子构成的序列中最高级别的那个单子,又将其设定为创造其他单子的单子时,实质上他就陷入了一种自相矛盾的境地。因为前面一种关系显示的是,上帝和其他单子仍处于同一个序列之中,而后面一种关系则表明上帝被设定在这个序列之外。也就是说,上帝在莱布尼茨那里既被看作外物具有连续性的维系者,又被看作连续性宇宙万物的创造者。② 为了解决这个矛盾,莱布尼茨最终只能诉诸带有神秘主义的新柏拉图派的"流溢说",认为单子是从上帝那里放射出来的,就如光的闪耀一样。

二、沃尔夫和梅里安的统觉思想

沃尔夫对统觉概念的用法基本上与莱布尼茨一致。正如黑格尔所说:"沃尔夫的哲学,从内容上说,大体上就是莱布尼茨的哲学,只是他把它系统化了。"③ 其一致性体现在,他们都认为:知觉只表示实体复杂的表征状态,统觉则是关涉这状态的意识;灵魂经由统觉的行动能将自身与他物相区分。如果说沃尔夫和莱布尼茨之间存在差异的话,那差异就是沃尔夫明确地区分了统觉和意识。④ 沃尔夫认为,意识既指向外物,也指向自我、观念和思想;统觉只指向自我,只包含向内的意识;相比而言,莱布尼茨对统觉与意识的区分并没有那么清楚。

不难看出,在莱布尼茨和沃尔夫的哲学中,统觉作为理性能动性的体现,它是表象的能力,而非实体自身,借助于它我们可以获得明晰的知识。莱布尼茨和沃尔夫已初步区分作为向外的指向客体的意识活动和作为向内的指向主体的意识活动,但这种区分还没能以严格的术语表达出来。当然,在这一点上,康德并没有完全接受他们的相关思想。就指向客体而言,康德没有将知识的客

---

① 转引自:段德智.莱布尼茨哲学研究[M].北京:人民出版社,2010:172.
② 同①173.
③ 黑格尔.哲学史讲演录(第四卷)[M].贺麟,王太庆,等译.上海:上海人民出版社,2013:193.
④ DYCK C W. A Wolff in Kant's clothing: Christian Wolff's influence on Kant's accounts of consciousness, self-consciousness, and psychology[J]. Philosophy Compass, 2011, 6(1): 45.

观必然性归于上帝，而是把它建立在统觉的综合统一功能之上；就指向主体而言，康德也不认为通过统觉就能创造出知识的材料，并由此表象主体。

梅里安的统觉概念与沃尔夫的统觉概念呈现出较大的差异性。从如何能够获得统觉的途径来看，梅里安对统觉概念的分析显然受到了休谟经验派思想的影响。他反对哲学上的一种综合的方法，认为这种综合的过程是基于一个任意的定义，继而通过阐述命题而展开。在梅里安看来，这种综合的方法只能产生"观念的科学"。而他所解释的统觉属于"实在的科学"，是基于经验和观察的结果。所以，要想获取统觉的知识，就只能依靠我们自己统察和反省内心中存在过的东西。

那么什么是统觉呢？梅里安直接将沃尔夫哲学中的德文"意识"翻译成法语的"统觉"。也就是说，它既包括了向外的对象意识，又包括向内的自我意识。由这两种含义出发，梅里安认为，一方面，统觉的意识是先于我们对于对象的意识，即对象之间的区分依赖于我们意识到这些对象、统察到这些对象。因为，区分物体的观念或者物体之间的差异，首先要能够意识到它们。区分的本质就是反思，而反思则是依赖于统觉的。另一方面，统觉的自我意识（即关于自我的统觉）又是独立于自我与他物的区分的。即使外物不存在，我们仍然能够通过统觉意识到自我的实存。质言之，统觉是直接的意识，是独立于其他心灵行动的意识。

我们主体为什么仅能通过统觉获得自我的实存？梅里安在对待主体问题上，肯定了从笛卡尔一直到沃尔夫的理性派传统的观点，即我们关于自我的实存是我们作为主体所能拥有的最高程度的确定性观念。但梅里安不同意这种观念的确定性依赖于三段论的推理。他认为"我思"（I think）就"直接"意味着"我实存着思"（I exist thinking）。梅里安反驳了主体的实存须由反思等思维活动推理得出的观点。然而，即使我们承认反思、推理能够产生关于我们实存的知识，这种实存的知识也已经先行于反思、推理的行动。而任何心灵的行动必须预设自我与其思维之间的一种确切的关系，否则自我就不能开启某种确定的思维模式（如反思的模式）。① 所以，梅里安得出结论，我们获得自己的实

---

① THIEL U. Between Wolff and Kant: Merian's theory of apperception[J]. Journal of the History of Philosophy, 1996, 34(2): 222.

存不能通过反思、推理等任何"间接"的方式，只能通过统觉的自我意识这一"直接"的方式。同时梅里安强调，统觉自身是不可知的，因为我们不能把统觉设定为统觉的一个对象。理由有两个：一是如果我们能够统察到我自己正在统察，那么这将意味着自我是分裂的；二是统察我自己的统觉将直接导致一个无限循环，即我们将始终追溯着去统察着前一刻的统察行动。①

因此，在梅里安那里，关于自我实存的统觉意识不但独立于其他的思维（如反思、推理），而且在逻辑上还优先于这些思维。这等于宣告了，所有的思维行动都依赖于统觉的自我意识，一切认识都依赖于统觉。这种自我意识也被梅里安称为"本源的统觉"（I' apperception primitive）。梅里安强调这种统觉的"本源"性，认为这种统觉是我们主体（作为智性存在者）的第一个实质性的行动。其他一切认识的基础都预设了本源的统觉，而它却不需要预设其他任何的物。

梅里安虽然诉诸经验主义的方法，不是像康德那样通过对知性本身的分析获得统觉的概念，但他关于统觉的一些思想和见解与康德的统觉理论极为相似。"本源的统觉"在梅里安和康德那里都构成了其他一切思维、知识的绝对基础。对象的意识依赖于这种统觉对自我的意识。在涉及主体的方面，康德也与梅里安一样主张，我们主体通过纯粹的统觉就可以直接意识到自我的实存。虽然梅里安与莱布尼茨、沃尔夫等理性派哲学家一样认为自我是精神性的实体，但他认为我们关于自我实存的"本源的统觉"并不依赖于我们主体关于自我是精神性实体的信念，这种说法距康德在反驳理性心理学灵魂学说时所持的观点仅一步之遥。

第三节

康德先验哲学体系视界下的统觉

毫无疑问，在解决知识的可能性问题上，康德要想真正超越理性心理学和

---

① THIEL U. Between Wolff and Kant: Merian's theory of apperception[J]. Journal of the History of Philosophy, 1996, 34(2): 223.

经验心理学，就必定对其主体理论展开全面且深刻的分析。从康德自己的先验哲学体系出发，于宏观上明确康德对统觉概念探讨的主要指向，就显得十分必要。先验哲学体系的构筑直接决定了康德对待认知主体的态度，也明确康德探索统觉概念的主要面向。先验哲学的先验方法则为康德的统觉理论研究提供了可行性，开辟了通往先验的统觉意识之路。

一、统觉主体的实存之必要性

康德曾经承认，休谟哲学打断了他的"独断论的迷梦"。然而，真正意义上构成康德先验哲学研究起点的并不是人们通常熟知的休谟问题，而是人的自由问题。1798年9月21日，康德在致克里斯蒂安·伽尔韦的信中说："我的出发点不是对上帝存在、灵魂不朽等等的研究，而是纯粹理性的二律背反：'世界有一个开端，世界没有一个开端'，等等。直到第四个二律背反：'人有自由；以及相反地：没有任何自由，在人那里，一切都是自由的必然性'。正是这个二律背反，把我从独断论的迷梦中唤醒，使我转到对理性本身的批判上来，以便消除理性似乎与它自身矛盾这种怪事。"[①] 这里的表述清楚地表明，休谟经验论或许对康德哲学的影响很大，但康德哲学研究的起点不是它，而是引文里所说的关于自由的"二律背反"，即，自然必然性与自由因果性的关系。

康德认为，真正的"我"即本体论意义上的主体对实践哲学的建构有着十分重要的意义，这一主体直接关系自由的运用。在认识论领域，我们如果想要先天地去论证意志自由或者论证意志被决定了，都可能是正确的。按照康德的解释，一个理性存在者可以被视为现象中的人，他的任何行动在这种情况下都是被决定的，但当他被视为本体中的人时，其行为却不受因果必然性的影响，因而是自由的。在思辨领域康德建立起的命题只是"自然与出自自由的原因性至少并不相冲突"[②]，但转入实践领域后，康德在此前基础上通过增添一个新的预设，即人是一个道德行为者，他必然服从义务和责任，要对自己的任何行为

[①] 康德. 康德书信百封[M]. 李秋零,编译. 上海：上海人民出版社,2006：242.
[②] 康德. 纯粹理性批判[M]. 邓晓芒,译. 北京：人民出版社,2004：449.

负责。如此一来，自由的理念运用在本体之我身上就变得合法了。可见，当思辨哲学中的"我"进入实践哲学领域后，"康德赋予了它不同于认识论中统觉的机能，即一种非感性直观，一个人格借此可以实际地获得他自己以及对他行动性的确信"①。

对主体实存的肯定，与其说是康德对理性心理学和经验心理学批判的综合成果，毋宁说是根深于他对道德哲学的深刻关切。康德在《实践理性批判》中明确指出，实践理性比理论理性具有更优的地位，这也导致他坚定地认为，在思辨哲学领域中赋予意识活动实在性，非常必要。因此，康德同意笛卡尔的推导结论"我实存"。但不同于笛卡尔，康德认为笛卡尔主张的那个"我"并不是一个实体，并且"我的实存也不可能像笛卡尔所认为的那样，被看作是从'我思'这个命题中推论出来的（因为否则就必须预设这个大前提：一切思维着的东西都是实存着的），而是与'我思'命题同一的"②。在康德那里，如果我们说"我思"，就等同于说"我在"（"我思"的实存性命题）。因为如果承认"我思"是理性存在者思维的意识，那么在这行动的背后就必定有一个实在的行动实施者，换言之，承认思维行动本身的实存就等于承认其行动实施者的实存。

如果说，主体的实存是一个不容争辩的事实，那么，经验心理学的"观念"要想形成真正的知识，就不能不顾认识主体的综合作用。只是凭借感觉印象的内容对人的心灵加以规定显然不够，主体还需要由此进一步把在内心表象出来的杂多进行综合，进而形成客观实在性的对象。康德告诉我们，意识便是对杂多表象的认知，统觉的意识活动是一切知识得以形成的必备条件。论证好这一点，是康德知识学的核心议题之一。对应的相关文本就是《纯粹理性批判》的"范畴先验演绎"。在《纯粹理性批判》第一版的序言中，康德提出，在他所从事的"所谓知性的能力加以探索并对其运用的规定和界限进行规定"的研究中，先验演绎是最重要的。他的考察从两个方面展开，一是涉及纯粹知

---

① BROAD C D. Kant[M]. London: Cambridge University Press, 1978: 234.
② 康德. 纯粹理性批判[M]. 邓晓芒, 译. 北京: 人民出版社, 2004: 303.

性的对象，对先天概念（即范畴）的客观有效性进行阐明——"客观演绎"；二是着眼于纯粹知性自身，探讨它的可能性和它自身立足于其上的认识能力，因此是在主观的关系中来考察它——"主观演绎"。① 先验演绎十分重要的原因就在于，它对于回到康德哲学总问题"先天综合判断如何可能"至关重要。当然，先验演绎针对的是其中一个子问题，即"纯粹自然科学是如何可能的"。康德力图在先验演绎中阐释经验对象的先天综合判断所以可能就是因为，对象知识的形成就其思维形式而言最终必须追溯到统觉的先验统一。也正是从此意义上讲，意识问题必然会成为康德哲学的中心课题。

当然，我们说，承认主体的实存，并不等于说，像理性心理学家特别是莱布尼茨那样能够先天地从主体实存推导出关于主体的任何先天知识。在康德那里，休谟所认为的，我们无法直接把握主体的"我"，是正确无误的。也就是说，经验知识的形成，需要思维和与之相符合的直观，这两者是缺一不可的。理性心理学恰恰忽视了一个事实，即我们并没有关于"我"的相应的感性直观——"自身直观"。②

实质上，康德在《纯粹理性批判》第一版序中将他要建立的形而上学称为科学的形而上学，把他取代的形而上学称为独断的。所谓独断的，就是在缺乏经验材料的情况下，仅依赖理性的逻辑推理便宣称可以推论出我们主体外存在着关于终极对象的知识。独断的形而上学的问题正出在理性身上，不是说理性有先天的缺陷，而是说理性的本性要求它追求更高的统一、达到"更遥远的条件"。这样一来，"人类理性也就跌入到黑暗和矛盾冲突之中，它虽然由此可以得悉，必定在某个地方隐藏着某些根本性的错误，但他无法把它们揭示出来，因为它所使用的那些原理当超出了一切经验的界限时，就不再承认什么经验的试金石了"③。人类理性自身"隐藏着某些根本性的错误"，不经由理性的批判就无法被揭示出来，这就是康德点出的独断的形而上学的根本问题所在，也是康德对纯粹理性进行批判的一个重要原因。康德所批判的独断的形而上学主要

---

① 康德. 纯粹理性批判[M]. 邓晓芒,译. 北京：人民出版社，2004：6.
② 同①105。
③ 康德. 纯粹理性批判[M]. 邓晓芒,译. 北京：人民出版社，2004：第一版序 1.

指唯理灵魂学、唯理宇宙论和唯理神学。① 把康德对独断的形而上学的批判转换成"康德问题"就是，这种"形而上学作为自然倾向如何可能"。

在《纯粹理性批判》的"先验辩证论"中，康德主要探究作为自然倾向的形而上学为什么会陷入种种的先验幻相之中。先验辩证论因此也被康德称为"幻相的逻辑"，以区别于"真理的逻辑"。真理的逻辑讨论知性推理如何形成真理，幻相的逻辑则讨论理性推理如何形成真理的假相。在康德的先验哲学中，灵魂、世界、上帝构成了幻相逻辑的三个研究对象。其中，灵魂是主观上的统一，纯粹理性去认识灵魂将会陷入"纯粹理性的谬误推理"；世界是客观上的统一体，以纯粹理性去认识世界将会陷入"纯粹理性的二律背反"；上帝则是主客观的统一体，以纯粹理性去认识上帝时将会陷入"纯粹理性的理想"。理性心理学的"灵魂学说"正是这样一种真理的假相，并且是"一种自然的和不可避免的幻觉"。② 虚假地产生主体的先天知识的幻觉出自我们人类的理性本身，是不可避免的，但这不影响他基于自己的统觉思想去揭示幻觉所以产生的先验根据，进而消解"先验幻相"。③ 因此，就理性心理学的主体理论而言，康德既要指出其"不可避免"地构筑主体理论的缘由，还要诊断、揭示出这种做法错误的深刻根源。正如本书的导言所指出的，实质上，康德统觉思想从消解主体先天综合知识的批判性角度，驳斥了理性心理学独断的哲学企图，部分地回答了"形而上学作为自然倾向是如何可能的"这一问题。

综上所述，对主体实存的肯定，与其说是康德针对理性心理学和经验心理学解决知识的可能性时问题加以批判的成果，毋宁说是出于他对实践哲学的深刻考虑。明确主体的实存性，对于康德统觉思想十分重要，是后者构建知识得以展开的必要前提，也已隐含着康德将基于统觉概念对理性心理学的主体学说

---

① 韩水法.批判的形而上学[M].北京：北京大学出版社，2009：5.
② 同①261.
③ 幻相的德文是"Schein"，一般就是指"假象"，不真实的东西。虽然现象（Erscheinung）的德文词根就是 schein，但幻相与现象的含义是不同的。现象就是直接显现出来，未被范畴作用的表象。而幻相则是指只是主观的东西却被人误以为客观。幻相有先验幻相和经验幻相之分。经验幻相就是由经验产生的假象，例如我们把一根筷子插入水中，由于光的折射，人看到筷子是"弯的"。康德关心的是先验幻相，这种幻相不是源于经验，而是由理性自身产生的。

进行全面清算的基本倾向。

二、统觉意识的发现之可能性

无论是以笛卡尔为代表的理性心理学还是以洛克为代表的经验心理学，在探讨意识时都采取经验描述的方式，未上升到先验的领域。相比理性心理学和经验心理学，康德对意识的理解和分析，即对统觉概念的阐发，更加深入细致，理论方面也更自觉完备，这在相当程度上得益于他以先验的方法研究意识问题。

"哥白尼式的革命"为康德的统觉理论研究提供了切实的可行性。我们知道，康德所发起的哲学革命被后人称为"哥白尼式的革命"，其在哲学史上具有划时代的意义。康德在《纯粹理性批判》第二版序言中用哥白尼在天文学领域发起的革命比喻他自己将要在哲学中实施的变革。康德说道："向来人们都认为，我们的一切知识都必须依照对象；但是在这个假定下，想要通过概念先天地构成有关这些对象的东西以扩展我们的知识的一切尝试，都失败了。因此我们不妨试试，当我们假定对象必须依照我们的知识时，我们在形而上学的任务中是否会有更好的进展……这里的情况与哥白尼的最初的观点是同样的，哥白尼在假定全部星体围绕观测者旋转时，对天体运动的解释已无法顺利进行下去了，于是他试着让观测者自己旋转，反倒让星体停留在静止之中，看看这样是否有可能取得更好的成绩。"① 哥白尼为了使许多"地心说"解释不了的天文现象得到合理的说明，放弃让观察者被动地跟着旋转的星体进行研究的观点，转换视角，让观察者自己旋转，即认识的对象以认识主体为中心而"旋转"，这让原本旋转的星体静止了。康德在哲学上的"哥白尼式的革命"，也就是超越持有传统哲学观的人们素来以对象去解释知识的做法，用认识主体构造、解释对象。康德指出："综合的表象可以与诸对象恰好同时发生、必然相互关联以及仿佛是相互碰在一起，只可能有两种情况。要么只有对象使表象成为可

---

① 康德.纯粹理性批判[M].邓晓芒,译.北京：人民出版社，2004：第二版序15.

能,要么只有表象使对象成为可能。"① 对象使表象成为可能,是传统的真理反映论;表象(这里主要指概念)使对象成为可能,是先验论。以洛克为代表的近代哲学试图从感觉经验中归纳、抽象出某种具有必然性的概念,在康德看来,这种方式是行不通的,原因在于这些概念的基础只是后天的、有着不确定性的感觉决定的。康德指出:"范畴作为先天概念的客观有效性的根据将在于,经验(按其思维形式)只有通过范畴才是可能的。"② 这说明,我们要想获得真正意义上的经验,就必须将其建立在范畴的基础之上,而不是单纯的感觉材料,作为思维形式的范畴使经验可能,它通过先天的思维逻辑形式规定感觉经验的内容,从而与时空先天直观形式一道构成我们认识世界的内心的先验结构。所以,康德"哥白尼式的革命"建立的新思维方式就变为:从主体的先天形式方面决定、规定对象,认识的客观性完全在于主体。

先验观念论则进一步将主体的先天形式方面所规定的对象限定在表象形态的现象界。康德在《纯粹理性批判》中有两处关于先验观念论的阐释。一处是:"但我所理解的对一切现象的先验的观念论是这样一种学说概念,依据它我们就把一切现象全部看作单纯的表象,而不是看作自在之物本身,因此时间和空间就只是我们直观的感性形式,却不是看作自在之物本身的客体独自给出的规定或条件。"③ 另一处是:"我们在先验感性论中曾充分地证明了:一切在空间和时间中被直观到的东西,因而一切对我们可能的经验的对象,都无非是现象,即一些单纯的表象,它们正如它们被表象出来的那样,作为广延的存在物或变化的序列,在我们思维之外没有任何以自身为根据的实存。"④ 从这两处阐释可以看出,先验观念论涉及现象和自在之物的区分学说,并特别地涉及时间和空间在先验观念下应如何理解的问题。⑤ 基于先验观念论,我们可以说,

---

① 康德. 纯粹理性批判[M]. 邓晓芒,译. 北京:人民出版社,2004:84.
② 同①85。
③ 同①324。
④ 同①404。
⑤ 需要指出的是,先验观念论是康德哲学的基本立场,并非只针对时间和空间。康德在这里论述时只提到时间和空间,是因为他在先验感性论中对时空的主观观念性和经验实在性展开了详细论证,借后者表明了他的先验观念论立场。

认识的对象只能是现象，自在之物虽不可知，但必须被断定；自在之物的概念从根本上保证经由时空给予的感觉材料的客观实在性；主体借时空——纯形式接受自在之物刺激我们的感官所产生的感性表象，运用范畴——纯概念思维这些表象以形成知识。那么主观观念是都具有客观有效性吗？也就是说，康德的先验观念论中的先验观念性是否就意味着经验性的实在性？在这个问题上，康德极力要将他的先验观念论与"先验的实在性"和"经验性的观念性"相区分。先验的实在性主张我们就算是将某个概念不应用于经验性的东西，我们也可以单凭主观的观念形成实在的知识，所以这是一种理性派的独断论。而"经验性的观念论"主张任何经验性的东西都是观念的东西，没有实在性，所以这就是休谟怀疑论——主观唯心主义。康德在先验感性论中论证了时空不是自在之物抑或其形式，而是认识主体的先天直观形式，也是一切直观对象之所以可能的先天条件。正是时空的这两种特征决定了它既具有"先验的观念性"，又具有"经验性的实在性"。时空首先因为自身是主体的形式——观念性，其次它必须应用于经验性的感觉材料之上，所以形成的知识具有实在性——经验性的实在性。实际上，从康德的"先验观念论"的术语用法就可以看出，观念的先验性就意味着这个观念必然能够普遍适用于一切经验对象，具有产生客观有效性知识的可能性，所以先验的观念性的东西必然是经验性实在性的东西。[①]

所以，从康德发起哲学上的"哥白尼式的革命"来看，意识问题必定成为康德哲学的主题之一，先验统觉是从意识之主体中求得一切知识客观性的最后根据；从康德的"先验观念论"来看，一方面先验哲学既然将认识的对象限定在现象界，那么范畴就不能运用于灵魂的主体等自在之物，否则便会产生主体

[①] 观念的先验性保证了观念的客观性，主体的先天认识结构虽然是观念的，但能够具有客观有效性。康德出版《纯粹理性批判》第一版之后，Garve 与 Feder 在共同完成的发表于当时的《哥廷根评论》上的书评中将康德的先验观念论视作一部贝克莱式的唯心主义。康德为了消除这种误解，在《未来形而上导论》中将自己的先验观念论称为"形式的""批判的"唯心论，后又在《纯粹理性批判》第二版中将自己的观念论称为"形式的观念论"。在康德看来，笛卡尔和贝克莱的"质料的观念论"只关注意识的内容，并把我们经验的直接对象看作观念，进而否定或者怀疑外部事物本身的实存。"形式的观念论"之"形式"表明，它不是如质料那样自在地现实存在，而只是构成了现实事物的可能性条件。虽然时空是依赖于心灵的，并不能作为自在之物的谓词，但我们通过它可以表象不同于我们自己的东西，它可以成为我们表象的东西的谓词，是我们现象的客观的特征。参见：CARANTI L. Kant and the scandal of philosophy[M]. Toronto and Buffalo: University of Toronto Press, 2007: 41.

先天知识的先验幻相;另一方面它保证了范畴连同统觉的意识一起既是主体的主观观念,又具有经验性实在性。

康德先验哲学的先验方法成功地开辟了通往先验统觉的意识之路,康德要"在意识之中寻绎出逻辑和一切其他知识,乃至一切可能的表象的最高原理"。① 毋庸讳言,康德统觉理论的一个核心主旨,就是阐明意识如何能够保证一切经验知识的普遍必然性。而这种意识一定是先验的,确切地说,是先验统觉的意识。

小 结

通过对早期现代哲学的主体理论、前康德哲学中的统觉思想以及康德先验哲学体系视界下的统觉的总体阐释,我们可以较为清晰地把握康德统觉理论产生的思想语境。

理性心理学和经验心理学关于主体的思想直接为康德提供了思想基础。笛卡尔对自我确证性的论证以及莱布尼茨在此基础上对自我先天特征的阐述深深地影响了康德。康德接受了他们经由思维通达自我实存的路线,即我们通过思维可以意识到关于自我的实存。然而,在理性心理学那里,自我最终无一例外地都依赖于上帝的存在,原本确定性的自我观念演变成了仅仅具有认识论上短暂的逻辑前提地位,仅仅服务于逻辑展开的需要,自我从根本上丧失了理性的绝对自主性的主体地位。所以,在主体理论的立场上,康德并不能接受上帝观念保障之下的自我。他也批评理性心理学试图将自我看成精神性的实体的观点,认为应将这种实体转变为功能性的主体。反观经验心理学,洛克将自我确立在记忆的意识之上,无论再进行怎样的抽象演绎都无法彻底摆脱经验给自我带来的不确定性,无法达到真正的自我同一。而从洛克的经验自我出发,经由经验心理学的发展,到了休谟那里,自我本身的存有竟也受到了质疑。经验心

---

① 韩水法. 批判的形而上学[M]. 北京:北京大学出版社,2009:54.

理学的主体理论让康德意识到,自我无法确立在经验的基础之上,只有超越经验才能为自我奠定一个可靠的基础。为了重新确定由经验心理学动摇了的自我确定性,也为了打消理性心理学构建自我先天知识的妄念,康德对其主体理论进行了深刻的剖析和批判。总体而言,康德一方面在《实践理性批判》中明确承认实践理性之于理论理性具有优先的地位,这一见解促使他在理论哲学领域赋予意识活动以实在的主体性,即真正的自我需要在理论上得到确信,否则自由理念的运用将失去依靠;另一方面在《纯粹理性批判》"纯粹理性的谬误推理"中,竭力地批判把范畴运用到灵魂超验的对象身上以建立起蔚然壮观的一整套先天知识的做法,并试图从根本上揭示我们为什么会产生如此多的关于灵魂的先验幻相。

在康德之前,莱布尼茨和梅里安关于统觉的思想不可忽略。康德不仅直接沿用了莱布尼茨的统觉的术语,也接受了莱布尼茨统觉的基本内涵,即统觉是思维自发性的活动,是获得明晰的认识的高级能力并且统觉只是表象的能力而非实体自身,只有借助于它,我们才可以得到真正的知识。康德还依照莱布尼茨对不同等级单子的分类,将人类的精神活动区分为三种形态:(1)被动的表象层面,涉及感觉、情感、单纯的直观;(2)一定自发性的层面,涉及行动性的因素,例如注意力或者回忆等;(3)绝对自发性的统觉,即我们日常的判断,也就是真正的认识。但康德也对莱布尼茨的统觉思想进行了批判和改造。康德不同意莱布尼茨将知识的客观必然性最终依赖于上帝的单子,而是把它建立在了统觉的综合统一功能之上。康德也不同意莱布尼茨持有的统觉自身能够创造知识的材料的观点,而是把莱布尼茨的这种意义的统觉的功能赋予了"内感官"的感性能力,进而否定了统觉能够表象主体自身的知识的观点。而虽然梅里安诉诸经验主义的方法,不是像康德那样通过对知性本身的分析获得统觉的概念,但他关于统觉的一些思想和见解与康德的统觉理论极为相似。"本源的统觉"在梅里安和康德那里都构成了其他一切思维、知识的绝对基础。对象的意识依赖于这种统觉对自我的意识。在主体方面,康德也与梅里安一样主张我们主体通过纯粹的统觉就可以直接意识到自我的实存。虽然梅里安与莱布尼茨、沃尔夫等理性派哲学家一样认为自我是精神性的实体,但他认为我们关于自我实存的"本源的统觉"并不依赖于我们主体关于自我是精神性实体的信念，这种说法距康德在反驳理性心理学灵魂学说时所持的观点仅一步之遥。

康德在哲学上发起的"哥白尼式的革命"是哲学思维方法上的革新，这是一种完全不同于理性心理学和经验心理学的哲学方法，其集中体现为康德首创的先验方法。正是康德先验哲学之先验方法保证了从意识主体中求得的知识具有客观性，因为他的先验观念论将认识对象限定在现象界，同时范畴连同统觉的意识一起既是主体的主观观念，又具有经验性实在性。最终，康德还要通过先验方法论证我们主体的意识为什么能够保证一切经验知识的普遍必然性。而这种意识必然也是先验的，即先验统觉的意识。

第二章

统觉的概念

统觉是康德知识论的中心概念。正是通过对人的心灵的深入研究，并从先验哲学的先验方法中寻绎出统觉这一"最高"的认识能力，建立了统觉的先验统一性原理——"知性的一切运用的最高原则"，康德才能达到前人未曾达到的高度，深刻反思、解决认识论中的诸多难题。然而，康德本人竟没有提供一个直接关于统觉的清晰定义，往往只是以不同的角度、不同的术语阐发其意义。在《纯粹理性批判》中，他使用了很多跟统觉直接相关的术语，如"先验统觉""经验性的统觉""自我意识""我思"等。康德使用术语的复杂性给我们理解统觉的实质内涵带来了一定的困难。学界对统觉概念的误解又进一步加剧了这种困难。以德国学者亨利希（Henrich）为代表的理性派将统觉仅仅视为自我意识（国内学界一般亦依循此做法），以美国学者基切尔（Kitcher）为代表的经验派则显露出对传统解释模式的不满，有意地摒弃了自我意识的概念，代之以综合。下面我们从康德认识论中不可还原的认识能力入手，将统觉置于与想象力、感官的关系中来分析和澄清统觉的基本含义，揭示出它的核心特征，并对国外学术界对统觉概念的两种主流导向的解读作出回应。

第一节 统觉的双重含义

要真正把握康德的统觉概念，就必须深入康德批判哲学体系的内部。众所周知，近代西方哲学的重心转向了认识论，试图从主体出发解决认识的可能性问题。康德提出统觉的概念，就是要解决主体如何与客体相一致这一认识论核心问题。我们之所以将先验统觉分别置于与想象力、感官的关系中，原因有二。其一,在康德看来,我们一切经验的可能性的条件都来源于"三个本源的来源",即感官、想象力和统觉。① "本源的"就是说,感官、想象力和统觉是唯一的能够为我们的知识提供先天规则的三种能力,它们不能进一步被还原为其他更基本的能力。这样一来,我们完全可以通过辨析统觉与其他两种基本认识能力之间的关系,获得统觉概念自身所独有的内涵。其二,这样一种比较分析的方式本身蕴含着康德对统觉概念的两种用法(对莱布尼茨—沃尔夫哲学以及梅里安的统觉用法的进一步明确化),即向外"表象"客体的综合能力和向内"表示"主体的自我意识。

一、"表象"客体的综合能力

在康德那里,统觉和想象力都是综合表象的能力。我们可以通过对综合的一般定义的分析,着重从综合的对象、综合的目的以及综合的行动本身这三方面阐述先验统觉之不同于想象力的综合特征。

首先,"表象"(Vorstellung)是心灵进行综合的对象。众所周知,从笛卡尔开始,近代哲学一个基本的主张就是,我们是借助"印象"或"观念"把外部的对象及其属性在内心呈现出来。而康德认识论的一个基本的预设是:我们认识一个对象的必要条件就是我们能够表象它。这样的一个预设实际上延续了笛卡尔的传统,这种观点认为我们认识外部世界只能通过内心的某些表象把对象的属性及其存有的特征表象给我们的心灵。认识是借助表象成为可能的。

就康德的认识论而言,"表象"所包含的意义很广泛,它可以指任何能够在内心呈现的东西。这种意义的表象大致相当于英语世界中的"心理状态"(mental state)。通常情况下,康德关注的是某些能成为知识的表象,主要指"直观"和"概念",也就是"有意识地与一个客体相关的表象"。② 直观是一个单个的、直接的表象,这样的表象呈现给心灵的就是单个的、具体的对象;经验性的直观呈现对象的过程涉及感觉的因素,而先天直观是独立于感觉的因素

---

① 康德. 纯粹理性批判[M]. 邓晓芒,译. 北京:人民出版社,2004:85.
② 李秋零. 康德著作全集(第9卷)[M]. 北京:中国人民大学出版社,2005:88.

的，进而可以建构所有在我们心灵中呈现的对象。与直观的这种单个的、直接的表象不同，概念是普遍的、间接的表象。① 一个概念呈现给心灵的并非如直观那样的单个的、直接的表象，而是隶属于各种各样的单个对象的一般属性。概念与对象的间接的关系在于，概念呈现给心灵的是所有对象能拥有的一般属性，而不管那些对象具体是什么。总之，综合的对象在康德那里既可以指各种直观杂多的表象——经验性的直观杂多（知觉）或非经验性的直观杂多（时间和空间），也可以指各种概念。

其次，综合的目的是将表象"在一个认识中加以把握"。认识对于康德来说必须是关于一个对象的认识，是针对"一个"对象所形成的知识。所以，认识实质上就是从杂多到统一的过程。正如齐良骥先生指出的那样，杂多就是"指零散的各不相干的多数东西，可以是感觉到的，也可以是思想里边的，总之，指没有加工的知识材料"②。而零散的某个东西意味着这东西是偶然的。杂多的概念体现了主体接受感性刺激而获得的偶然性特征。如果我们要达到认识一个对象的目的，就需要对这种知识材料中杂多的偶然性进行某种必然性的统一。所以在康德那里，"一"必然是杂多中的一，"统一"必定是对杂多的统一。实质上，康德将联结（即综合）的概念就定义为"杂多的综合统一的表象"③，这也充分说明了综合的最终目的就是将"多"综合为"一"。康德后来也论证了这种综合所促成的统一——知识从根本上源于我们主体的统觉的综合统一，也就是说，认识从根本上依赖于统觉的综合。

最后，综合是"行动"（Handlung）。如果说综合是行动的话，那么这个行动本身就应该是不间断、持续的。④ 在康德看来，在心灵的行动发生之前必须要有先行的直观表象。⑤ 如此，我们的心灵就可以通过持续的综合行动作用于

---

① 李秋零. 康德著作全集(第9卷)[M]. 北京：中国人民大学出版社，2005：88.
② 齐良骥. 康德知识学[M]. 北京：商务印书馆，2000：126.
③ 康德. 纯粹理性批判[M]. 邓晓芒，译. 北京：人民出版社，2004：88.
④ 值得注意的是，综合行动的持续性虽然意味着先验主体持续地实施综合的行动，但并不代表主体自身是在时间中持存的实存。如果持后种观点就等同于理性心理学家将灵魂看成持存的实体，康德对这种观点持批判态度。这部分的讨论将在本书第四章进一步展开。
⑤ 康德. 纯粹理性批判[M]. 邓晓芒，译. 北京：人民出版社，2004：47.

直观。问题是，这样的行动实施者是"谁"呢？在康德给出"最广泛的含义上"的综合定义不久，他就为这个问题提供了答案。康德说："我们在后面将会看到，一般综合只不过是想象力的结果……但我们很少哪怕有一次意识到它。不过，把这种综合用概念来表达，这是应归之于知性的一种机能，知性借此才第一次使我们得到真正意义上的知识。"①"我们在后面将会看到"，实质上就是康德预先提醒我们，他将在"范畴先验演绎"里对这方面的内容进行详细的阐释。从这里的引文可以看出，康德暂时只是先给出一个简明的观点。一方面，他将综合的行动看作"想象力的结果"，也就是说，想象力在实施一种持续的综合行动。只不过在想象力的阶段，我们还不能意识到这种实施行动的行为本身。另一方面，康德又将综合的行动赋予"知性的一种机能"。与处于想象力的阶段不同，在知性的阶段，我们能够意识到综合的行动本身。康德虽然没有直接指出此时的综合就是统觉的综合行动，但在先验演绎中康德将表明，"用概念来表达"的综合实质上就是"概念中认定的综合"，是统觉的综合。由此可见，康德在这里为综合的行动既赋予了想象力，又赋予了统觉，而此时想象力的综合行动显然也是区别于知性的综合行动的。康德进一步将综合区分为先验综合和经验性的综合这两种不同的类型，因此统觉和想象力各自也都有"先验的"和"经验性的"之分：统觉有先验统觉与经验性的统觉；想象力有生产性的想象力与再生的想象力。这种划分直接体现了"先验的""经验性的"之应有之义，而真正促成这种划分的原因实则是这两种综合所遵循的概念原则不一样。

从术语来看，"经验性的"②（empirisch）某物必须经由感觉与对象相关，包含感觉的因素。我们通过这个经验性的某物就跟对象产生了直接的关系。而"先验的"（transzendental）某物从来源上来说，与经验性的某物是不一样的，它直接来源于我们的内心，不掺杂任何感觉的因素，是"先天的"（a priori）。但先天的某物还不一定是先验的，除非前者能够提供一种规则使得经验的东西

---

① 康德. 纯粹理性批判[M]. 邓晓芒,译. 北京：人民出版社, 2004：70.
② "经验性的"德文是 empirisch, 而"经验"的德文是 Erfahrung, 这两个概念有着不同的意义。"经验"不仅包含经验性的感觉质料,还包含纯粹思维的形式。"经验性的"是与"先验"相对立的概念。

服从于它。例如时空是先天的，不仅因为它是观念的（产生于内心），更是因为时空作为直观形式可以整理时空中的杂多。所以康德描述一个综合为"先验的"，就是这种综合"不区分各种直观而是仅仅只是指向杂多的先天联结"①。换言之，先验的综合是不产生一个具体种类的统一，是不依赖于一个特别的互相之间存在着差异的直观。先验的综合所指向的必须是"先天联结"，它不涉及感觉直观的因素，但构成了任何一个对象之成为对象所必需的条件。所以，康德也说综合是"先验的"，"不仅因为它们本身是先天地发生的，而且也是因为它们建立起了其他先天知识的可能性"②。这里，康德强调先验的综合之于产生知识的重要性。

  综合有先验的、经验性的之分，并非偶然。因为我们关于概念的知识只有两种，即先天概念和经验概念。在康德看来，之所以综合有先验的、经验性的之分，原因就在于它们的综合行动所遵循的原则是与先验概念和经验性概念相应的。按照康德的逻辑，如果说心灵的综合行动就是那种把各种杂多表象聚集在一起的活动，那么综合行动服从的规则就是相应的概念，"一切知识都要求有一个概念，不论这概念可能会如何不完满、如何模糊；但这概念按照其形式任何时候都是某种共相的东西，它被用作规则"③。这是说，心灵综合经验性直观杂多追求统一，一个关于该经验性杂多的对象概念提供了规则，使综合的行动得以顺利进行。所以，康德认为，概念能提供一个先天的规则，而心灵按照这一规则对经验性杂多加以综合从而达到意识的统一。如此一来，概念有先天的、经验的区别，综合的规则自然就与这种区别相应，相应也有先天的、经验性的之分。经验概念所综合的是杂多的个别例示，其遵循的规则由经验而来，而且这规则自身如经验派那样是通过抽象各种不同的例示获得的概念共相。所以，在康德看来，这种概念是不具备普遍必然性的，其综合也是依赖于先天的综合。先天的综合由于服从于我们逻辑形式的范畴提供的规则对杂多进行杂多，所以具有客观有效性。

---

① 康德. 纯粹理性批判[M]. 邓晓芒，译. 北京：人民出版社，2004：126.
② 同①100-101.
③ 同①119.

虽然统觉和想象力都可以是综合表象的行动，也都有先验的、经验性的综合之分，但它们毕竟是两种不同的综合能力。前面我们已经看到，康德倾向于将想象力的综合与知性的综合区分开。也就是说，康德认为，这两种综合能力在对象知识的形成过程中扮演着不同的角色。统觉代表着更高的知性的综合，它所能达到的概念的统一性是诸综合行动的最后一个步骤。想象力只是从属于统觉的、独立于感性和知性的第三种综合行动的能力。然而，康德对想象力的态度有些犹豫，他有时也直接将其看作知性的综合能力。为进一步理解康德的这种态度，我们有必要论述《纯粹理性批判》A 版演绎中涉及的三个具体的综合活动，即"三重综合"——"直观中领会的综合""想象中的再生的综合""概念中认定的综合"。

什么是直观中领会的综合呢？康德认为，我们面对的首先是杂乱的经验整体。在时间的前后序列之中，由于在我们内心呈现出的直观杂多在直观形式时间的每一瞬间所形成的表象都是被分割的、孤立的，所以如果我们没有一种"领会的综合"能力，就很难在心中保留它们，"现在，为了从这种杂多中形成直观的统一性（如在空间的表象中那样），就有必要首先将这杂多性贯通起来，然后对之加以总括，我把这行动称之为领会的综合"①。康德认为，"直观中领会的综合"首要表现为我们能够在时间中利用内感官领会、保持住（暂时地）出现的任何杂多感官印象，继而可以"概观"。除了时间外，"直观中领会的综合"当然更是能"领会"空间杂多的表象，毕竟在康德那里时间在感性中的地位是优于空间的。康德针对这种领会的综合指出，我们内心如果缺少这种综合能力，甚至先天的直观形式时间和空间自身都是无法想象的："因为这些表象只有通过对感性在其本源的接受性中提供出来的杂多进行综合才能被产生出来。"② 换言之，我们要是没有直观中领会的综合能力，没有对整体的一种"领会"感，自然在内心中就不能表象出时间空间。

按照康德一贯的思维习惯，从直观中领会的综合出发，需要追溯其可能的

---

① 康德. 纯粹理性批判[M]. 邓晓芒, 译. 北京：人民出版社，2004：115.
② 同①.

条件。是一种什么样的认识能力才能保证领会的综合成为可能？康德在先验演绎中举了一个例子，设想我们在思想中引一条线，如果我们总是把前面画完的线的部分在思想中忘却了，后来的表象如果又不能把先前的表象在思想中重新生成，那么，即使在思想中预先想要引一条线，最后的结果也是这条线不是完整的表象。要想成为一个完整的表象，除了我们前面讲的直观中领会的综合外，还要求我们在此基础上，拥有一种再生的综合，否则的话我们的直观形式空间和时间仍然是不能表象的。如此一来，我们从先前的直观杂多和直观形式时间和空间本身出发，发现直观的综合是它们得以表现的前提，而它自身又是以再生的综合为前提的。同时我们也可以看到，这种想象力的再生的综合在直观综合（即第一重综合）的基础上，能够非现实地（在思想中）将之前把握了的直观杂多表象出来。

从直观中领会的综合到想象力的再生的综合的过程，可视为直观杂多在一个时间意识中由综合的行动所联系，然而这联系并不一定是按照某种必然的规律进行的，很可能还停留在休谟那种任意的、偶然的思维习惯中。因此，康德认为，要赋予这联系一种必然的意识统一性，我们就不能仅仅满足于意识到当下的杂多表象与通过想象力再生的那个表象是"同一个"表象，因为这样还不能形成一个真正意义上的整体："假如不意识到我们在思的东西恰好正是我们在前一瞬间所思的东西，那么一切在表象系列中的再生就都会是白费力气了。"[①] 所以说，在时间中相继出现的两个表象要实现严格意义上的联系，仅依靠想象力的再生能力是不够的，还需要一种更高的知性综合作用，否则表象之于我们的主体仍相当于"无"。在康德看来，这综合能力最大的特点就是将意识的前后一贯的统一性带给表象，它被称作"概念中认定的综合"。

因此，"直接针对直观的"[②] 综合，是对时间中杂多表象的一种整体领会的意识，这种意识离开再生的综合过程的话，不但它自身是不可能的，时间本身也是无法想象的。没有再生的记忆，任何领会也不会持续下去。而这两种综合

---

① 康德. 纯粹理性批判[M]. 邓晓芒, 译. 北京：人民出版社, 2004: 117.
② 同①115。

只是保证了直观杂多的呈现，但还需要对杂多加以统一或者说要认定前后呈现的表象是同一的，因此，"概念中认定的综合"是前面两种综合得以可能的最终根据。综合的表象最终必须是在一个概念中得到认定的统一。

但如果从本质上看，这三重综合无非还是归结为想象力和统觉之分。首先，"概念中认定的综合"显然是知性概念的综合所达到的统一性，是统觉能力直接作用的结果。其次，直观中的综合只能是想象力的作用。从理论上来讲，我们除了具有知性的概念综合外，仅有感官和想象力这两种能力。由此，直观中的综合要么是感官的作用，要么是想象力的作用。而感官在直观中不可能有综合的能力，它只是被动的接受性，因此直观中的综合只能是想象力的结果："想象力是把一个对象甚至当它不在场时也在直观中表象出来的能力。"①也就是说，直观中领会的综合实质上就是想象力的综合。②

值得注意的是，康德对想象力的论述，特别是它在认识中的定位显得有些摇摆不定，比如究竟将想象力归结为与知性不同的认识能力，还是将它们相等同。康德有时（想象力作为三重综合中的一种时）把想象力看成灵魂的基本机能③，赋予它与感性、知性一样的独立认识地位。此时，想象力是感性与知性的媒介，一方面，想象力可以指向直观，拥有在直观中表象对象的能力，而不管对象是否提供出来，从这个意义上来说它是属于感性的。另一方面，想象力依照概念去综合杂多，它又可以被看作知性。所以说，康德倾向于将想象力的行动与知性的行动区分开来。但康德有时又将想象力的综合能力与知性相等同。想象力先验的综合此时也被描述成"先天规定感性的能力"，是"知性对

---

① 康德. 纯粹理性批判[M]. 邓晓芒,译. 北京：人民出版社，2004：101. 康德在1798年出版的《实用人类学》中对想象力的定义也是一样。参见：李秋零. 康德著作全集(第7卷)[M]. 北京：中国人民大学出版社，2005：160.

② 直观中领会的综合与概念中认定的综合，就其始终没有被描述为去整理两种不同的杂多而言，Ewing的说法似乎是有道理的，即，三重综合可看成一种综合的三个不同的方面，没有必要对其加以细分。但如果考虑到《纯粹理性批判》的 A 版与 B 版存在的差异，Wolff 的解释显得更合理：直观中领会的综合属于想象力，而概念中认定的综合属于统觉，因为在 A 版中康德是将想象力的行动(想象力)与知性的行动(统觉)加以区分的。参见：EWING A C. A short commentary on Kant's Critique of Pure Reason[M]. Chicago: The University of Chicago Press, 1938: 75; WOLFF R P. Kant's theory of mental activity[M]. Cambridge, Mass: Harvard University Press, 1963: 201, 274.

③ 康德. 纯粹理性批判[M]. 邓晓芒,译. 北京：人民出版社，2004：70.

感性的一种作用"。① 而知性是在想象力先验的综合的名下去规定内感官的。②这样一来,想象力的综合与知性的综合无异。

反观统觉,康德自始至终将其视为我们的认识之所以能达到概念统一的本源综合能力。在《纯粹理性批判》第一版中,康德通过给予的经验整体分析,由"直观中领会的综合""想象中的再生的综合""概念中认定的综合"追溯至先验统觉的综合统一。在《纯粹理性批判》第二版中,康德则借助逻辑判断的"联结"追问一般联结的可能性,进而也指向、推导出统觉的先验统一。当然,在《纯粹理性批判》第一版中,统觉的综合统一又是以统觉意识的同一性为前提的,或者说,意识的自同一是统觉的综合自身蕴含的。康德就此写道:"在每次都能够属于我们的知识的一切表象中,我们先天地意识到我们自己的无例外的同一性是一切表象的可能性的必要条件……"③ 换言之,我们意识到主体实施综合的行动,同时,又意识到这个行动将规则赋予表象,以形成统一的认识。正如 Guyer 指出的那样,康德这里的论述似乎存在一个问题,他预设了意识隐含自我意识,即在任何一个意识发生的过程中,主体都必须意识到他自己,意识到是他自己的行动性作用于外部世界。④ 如果 Guyer 的判断准确的话,那么在《纯粹理性批判》第二版中,康德显然避免了这个问题带来的困扰,因为他认为,即使自我没有意识到表象,这些表象也要与"一个普遍的自我意识"的条件相符合。⑤ 这样一来,康德的论述避免了可能招致的从意识直接推导出自我意识的诘难。统觉本身成为意识的一部分,而非仅仅伴随意识的那种综合行动。⑥

必须指出,作为知性的综合活动,统觉的综合受制于直观,其必须运用于经验性的直观对象继而"表象"客体,否则对于我们知识的形成毫无意义。在

---

① 康德. 纯粹理性批判[M]. 邓晓芒,译. 北京:人民出版社,2004:101.
② 同①102.
③ 同①125.
④ GUYER P. Kant on apperception and "a priori" synthesis[J]. American Philosophical Quarterly,1980,17(3):210.
⑤ 同①89.
⑥ PIPPIN R B. Kant on the spontaneity of mind[J]. Canadian Journal of Philosophy,1987,17(2):460.

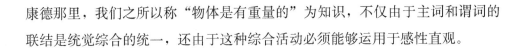

康德那里，我们之所以称"物体是有重量的"为知识，不仅由于主词和谓词的联结是统觉综合的统一，还由于这种综合活动必须能够运用于感性直观。

二、"表示"主体的自我意识

统觉是一种意识，是人的心灵内部的意识，这种意识既不同于外感官的那种关于外部的意识，也不同于内感官的内部意识，而是自我意识，其自身又可区分为先验自我意识和经验性的自我意识，即先验统觉和经验性的统觉。当代哲学家在分析意识的概念时，一般将意识区分为"简单意识"和"自我意识"，前者是严格意义上的意识概念，后者可以被看作广义的意识。我们这里将借助当代哲学家对意识的一般概念的区分去理解康德对统觉基本含义的阐释，因为当代哲学家的关于"简单意识"与"自我意识"的二分恰好对应康德的感性-感官意识与知性-自我意识。

"意识"的德文是 Bewußtsein，英文是 consciousness 或者 awareness。意识既可指对周边事物、世界的直接感觉以及这种意识的状态，即"简单意识"；也可以指自我意识或者内省，也就是说，一个人意识到他自己或者意识到他自己的意识状态，即"自我意识"。① 相应地，前一种可被称为狭义的意识概念，后一种当然可被纳为广义的意识概念。

从当代哲学的角度看，康德已经将简单意识与自我意识严格区分开来。他在 1789 写给 Herz 的信中谈到动物的意识问题时说："在这种情况下，（如果我把自己想象成动物）它们作为一个经验的联想律结合起来的表象，仍然影响着我的情感渴望能力，并且尽管没有意识到我的规定存在（假定我能意识每一个个别的表象，但不能借助它们的统觉的综合统一，去意识它们与它们客体的表象统一的关系），但它们照样在我自身之内有规律地行动着，我由此一点也不能认识我自己的状况。"② 康德肯定了动物有简单意识，没有自我意识，缺少那种将它们自身的表象概念化的认识能力。换言之，动物具有关于外部世界的意

---

① BROOK A. Kant and the mind[M]. New York: Cambridge University Press, 1994: 46.
② 康德. 康德书信百封[M]. 李秋零, 编译. 上海: 上海人民出版社, 2006: 139-140.

识，也拥有例如"疼"这样的意识状态，但它们不能意识到其自身是作为疼痛的主体而存在的。

关于动物意识的这个例子似乎表明，康德注意到意识与自我意识这两个概念各自所蕴含的真正意义的区别，而且他认为意识在没有自我意识的条件下也是可能的。事实上，康德本人的确也频繁地分别使用意识（Bewußtsein）与自我意识（Selbstbewußtsein）这两个术语。一些研究者还发现，康德在使用Bewußtsein 时，有时用它指代自我意识，有时用它指代简单意识。这种歧义性虽然给我们理解康德的统觉思想带来了一定的困难，但总体上来看，康德还是将严格意义上的意识与自我意识区别开来的。在他那里，外感官与内感官可以被看作简单意识，而经验性的自我意识和先验自我意识则被看作与简单意识不同的自我意识。

简单意识在康德那里主要指外感官和内感官。在当时的英国经验派哲学家特别是哈奇森、莎夫茨伯利那里，外感官与内感官已经得到了区分。在他们那里，这两种感官具有生理学与心理学的意义。外感官就是指我们人类的五官，而内感官就是指内心的道德感、美感、生命感等类似的整体性的直观。康德虽然借用了他们的术语，但对这两种感官的意义重新做了诠释。外感官不单纯指代具体的五官，更是"我们内心的一种属性"，具有认识论意义。① 作为抽象的内心属性，外感官是我们主体内部接受外部现象需要的认识能力。内感官也不再是指传统意义上的能直观自己灵魂的道德感和美感等感官，而是借它能直观心灵的内部状态。② 内心（Gemüt）与灵魂（Seele）是不一样的，前者本身只是一种现象的存在，而后者则通常被看成一个实体，即本体的存在。康德还强调，内感官仅是对内心状态的意识，不针对灵魂自在之物。进一步讲，我们通过外感官意识外部空间的对象，通过内感官意识时间中的心灵内部状态。所以，外感官和内感官一起构成了我们主体接受现象的感官意识，而他们之间的一个区别就表现在：前者是向外的直观意识，后者是向内的直观意识。在对待

---

① 康德. 纯粹理性批判[M]. 邓晓芒,译. 北京：人民出版社，2004：27.
② 同①.

这两种感官之间的关系问题上，康德主张，在我们的认识活动中，内感官比外感官有着优先的地位，呈现在外感官中的现象最终是要归为内感官的。在康德看来，外感官所面对的对象被限定在那些拥有空间属性的表象，而内感官则代表着我们内心全部的表象的状态，我们关于外部感官的直观最终要通过以时间为形式的内部感官直观表象给心灵以呈现在空间中的对象。因此，在康德那里，外感官、内感官的意识被归为内感官的简单意识。

康德认为，除了外感官、内感官这样的内部意识外，内部意识中还存在着一种思维的行动，即由知性的自发性产生的内部意识。这样一种思维的意识能够把概念运用到单个的具体对象身上，使得我们能够真正认识到这些对象是关于某种类的对象的存在物。所以，感性的方面存在着外感官、内感官这样的内部意识，知性的方面则存在着思维的内部意识。思维的意识既包括推论性的意识，也包括统觉的意识。推理性的意识主要涉及形式逻辑的方面，我们这里要阐述的是涉及统觉的自我意识方面的内容。

康德将统觉区分为先验统觉与经验性的统觉，即区分为先验自我意识和经验性的自我意识。在《纯粹理性批判》的第16节，康德对一些与统觉相关的术语做了重要的说明，他将"我思"称作"纯粹统觉"以区别于经验性的统觉，并把纯粹统觉称为"本源的统觉"，以表明这种统觉不能被任何其他表象所伴随，因为任何其他表象本身不能自己联结在一起。所以，在康德那里，"我思""纯粹统觉""本源的统觉"都是"先验统觉"的同义词。虽然康德并没有直接说先验统觉就是先验自我意识，但他称纯粹统觉就是自我意识，又将纯粹统觉的统一称为自我意识的先验的统一，由此可见先验统觉就是先验自我意识。①

在康德看来，经验性的统觉只能是我们内心流变着的经验性自我意识："对意识本身的意识，按照我们状态的规定来说，在内部知觉中仅仅是经验性的，是随时可以变化的，它在内部诸现象的这一流变中不可能给出任何持存常住的自身，而通常被称为内感官，或者经验性的统觉。"② 这里的引文说明，经

---

① 康德. 纯粹理性批判[M]. 邓晓芒,译. 北京：人民出版社，2004：89.
② 同①119。

验性的统觉是规定我们内感官的自我意识，换言之，经验性的统觉是有关知觉的经验性意识。然而让人感到困惑的是，康德在这里却将经验性的统觉等同于内感官。如果考虑内感官与统觉的区别——内感官与统觉是不同的认识能力，其中内感官是感性的能力，而统觉是知性的能力，前者是感性的、接受性的，后者是知性、自发性的，那么，将内感官等同于经验的统觉显然就违背了康德所作出的感性和知性这两种认识能力最基本的区分原则。我们可以推测，康德将内感官与经验性的统觉相等同，或许只是为了强调内感官和经验性的统觉都是关涉我们内心感觉的经验性要素的东西。同时必须看到的是，这两者之间毕竟还是有细微区别的：我们通过内感官可以直接意识到的是在心灵中呈现的内部状态，而通过经验性的统觉我们可以意识到我们作为思维主体就其经验的一面的本性。① 也就是说，经验性的统觉作为经验性的自我意识与作为简单意识的内感官的根本区别在于，我们通过前者可以意识到我们主体拥有特殊的表象的状态或者事件本身的经验，而后者只能是单纯的对自己内部状态的意识。

先验自我意识与经验性的自我意识之间的本质性差异在于：我们通过经验性的自我意识只能达到意识的主观的统一，通过先验自我意识能达到意识的客观统一性。意识的主观统一仅仅是"一个内感官的规定，它把直观的那个杂多经验性地提供给这样一种联结"②。经由这种意识的主观统一，内感官呈现出来的直观杂多的联结只能是偶然的，不具备客观性。而先验自我意识不依赖于内感官，只涉及"我思"的思维本身，所以它承载着一个客观的联结，不涉及任何关于"我"的主观状态。由此可见，经验性的自我意识是关于个别的心理状态的意识，先验自我意识是关于主体自身的意识。在"我能够意识到我自己拥有疼痛的状态"的这一经验中，经验性的自我意识只是表明，我能够意识到疼痛的状态；先验自我意识的客观性体现在："我"不仅能够意识到"我"是当下疼痛状态的主体，而且"我"能意识到这个"我自己"也可以是其他表象的状态或者事件的主体（例如，意识到这个"我"也是看到某个东西、听到某个

---

① PATON H J. Kant's metaphysic of experience[M]. New York: Macmillan, 1961: 400.
② 康德. 纯粹理性批判[M]. 邓晓芒, 译. 北京: 人民出版社, 2004: 93.

东西的同一个主体)。

因此,先验统觉的自我意识关涉主体的方式与我们上面所分析的它指向客体的方式——表象是不一样的,这种特殊方式被康德称为"表示"。"因为,在我们称之为灵魂的东西中,一切都处于连续的流动之中,而没有任何常驻的东西,也许(如果我们一定要这样说的话)除了那个单纯的'我'之外,之所以如此单纯是因为这个表象没有任何内容,因而没有任何杂多,因此它也显得是在表象、或不如说在表示一个单纯的客体。"①

第二节 统觉的基本特征

前面的分析表明,康德的统觉概念既指综合外部对象进而建构知识,又指意识到自己表示主体。现在我们要问,统觉进行综合的本质是什么?它指示主体又是凭借怎样的功能得以实现的呢?

一、自发性的内涵

在《纯粹理性批判》的范畴先验演绎中,康德一再强调统觉是一个"自发性的行动"或"自发性的意识"。② 因此,自发性是统觉不可或缺的特征之一。然而与统觉的概念情况相似,康德对自发性的概念虽然多有提及,但始终没有给出一个确切的定义,甚至也没有对这个概念做一个独立的讨论。尽管这样,我们仍可以从他的相关论述中去把握自发性的内涵。

在康德那里,存在着"认识的自发性"与"实践的自发性"两种完全不同性质的自发性。实践的自发性是一种自行开始行动的自发性。康德认为,我们必须在自然律的因果性之外假定一种由自由而来的因果性。因为在认识领域,

---

① 康德. 纯粹理性批判[M]. 邓晓芒,译. 北京:人民出版社,2004:332.
② 同①89,105.

现象事物所遵循的自然律只是机械的因果性，现象中的任何事物依照因果链条以某个时间上在前的状态为前提继而不可避免地发生。这个最初的"在前的状态"既然也是发生的事物，那么它自己也应该作为一个原因的结果。所以，为了因果链条的完备性，也是为了因果性概念自身的不矛盾性，康德认为我们需要假定存在着一种因果性，这种因果性可以解释机械因果性链条中的最初发生的事物的状态，并且其自身的原因无须借助其他先行的原因进行解释。① 如此一来，"理性就为自己设立了能够自行开始行动的某种自发性的理念"②，理性的实践运用就会产生原因性的自发性。

我们这里谈的统觉的自发性不是原因性的自发性，而是认识过程中的综合的自发性。在认识的知性环节，康德在论述自发性时主要把接受性作为它的对应概念。康德在"先验逻辑"一开始就将自发性界定为接受性的对立面："我们若是愿意把我们的内心在以某种方式收到刺激时感受表象的这种接受性叫作感性的话，那么反过来，那种自己产生表象的能力，或者说认识的自发性，就是知性。"③ 显而易见，康德力图借助接受性与自发性两个对立的概念区分感性和知性。我们知道，感性的接受性体现在被动地接受自在之物的刺激，将感觉材料以时空这样的感性形式接纳到我们内心形成"感性知识"。知性的自发性则体现在主体的主动性上，人能够自主地将感性提供的材料进行综合行动，进而形成真正的经验知识。因此，就我们对一个对象的认识过程看，接受性是单纯地由感性接受对象的能力，而自发性则是在此基础上由知性通过概念进一步思维对象的能力，"概念是基于思维的自发性，而感性直观则是基于印象的接受性"④。

现在问题的关键是，统觉的自发性如何能从"知性通过概念进一步思维对象"的这一过程体现出来呢？这可以由我们作出一个判断的行为得以说明。当我们作出判断"S 是 P"时，该判断之所以能称为"我"的判断，并不是因为

---

① 康德. 纯粹理性批判[M]. 邓晓芒,译. 北京：人民出版社，2004：375.
② 同①433。
③ 同①52。
④ 同①63。

"我"拥有"S 是 P"这一既定的事实，而是因为我意识到"我"在作这个断言，即下判断的主体意识到这个下断言的行动本身。统觉的自发性恰恰就体现在主体在综合行动过程中对这个行动本身的意识，这样一种意识就是主体在判断中将一个对象"认定"为如何如何的意识。这种无条件的"认定"① 就是自发性。可以说，正是统觉的自发性这一特征，使得统觉的意识能真正地与感官的意识相区别，成为统觉的自我意识。

二、先验统觉的自指示功能

在康德的理论语境中，我们不能如理性心理学那般从单纯的"我思"——先验统觉推导出关于"我"的先天知识，也不能用对待客体的态度那般简单地去"表象"主体。对于主体，我们只能借助于先验统觉的意识意识到它的实存，不能建构相应的知识。

关于康德所描述的统觉的这一特征，我们可以借当代学者 Shoemaker 的相关论述进行清晰的阐述。Shoemaker 将统觉的这种特别指称自己的方式称为"无确认的自指"（self-reference without identification）。他在《自我指涉和自我意识》（*Self-Reference and Self-Awareness*）一文中这样形容无确认的自指的特征："我对我的陈述的主词'我'的使用并不归结于我已经把那些我所认识的、坚信的或者希望的东西确认为我自己的，也就是说，不归结于我已经把我陈述的谓词运用于'我'。"② Shoemaker 这里的论述表明，我们主体意识到自己并不是通过对任何与自己相关的谓词的一种"确认"进行的，只是通过先验统觉的意识"先验地"意识到自己是作为认知主体而存在的。所以，"我"通过先验的自我意识意识到自己的这一活动是独立于对其他任何东西的认知或"确认"的。

在 Shoemaker 看来，这种关于"我"的自指示功能的显著特征就是，它不受我们对第一人称代词误认的影响。③ 对此，Shoemaker 援引维特根斯坦对

---

① Allison 将这种"认定"称为"抓取"（taking）。ALLISON H E. Idealism and freedom[M]. New York: Cambridge University Press, 1996: 94-95.
② SHOEMAKER S S. Self-reference and self-awareness[J]. The Journal of Philosophy, 1968, 65(19): 558.
③ 同②556。

"我"的用法进行分析。维特根斯坦将日常语言中关于"我"的用法分成两类：一类是"作为对象的用法"（如"我长高了六英尺"），一类是"作为主体的用法"（如"我牙疼"）。前一种情况涉及对某个别的人或"对象"的确认，因为一旦我们作出关于"我"的判断，并将其误认为其他人时，关于这个"我"的用法就错了。后一种情况并不涉及具体的某个人，将个人限定在关于"我"的判断中也将变得毫无意义。所以 Shoemaker 认为，维特根斯坦所描述的主体的"我"与对具体的某个人的确认无关，正是"我"的这种特征构成了先验统觉的独特之处。

先验统觉的自指示功能特征表明：对实存的意识与对实存某物的属性的意识是不同的。实质上，在康德看来，在我们的认识过程中，前者的地位还优于后者。当我们试图对"我"进行认识时，我们只是围绕着它不断地打转，"因为我们如要对它作出任何一个判断，总是不得不已经使用了它的表象"①。我们要想认识任何关于我们的谓词，即任何关于我们的认识，必须首先知道有一个"我"在认识。为了能够把相关的谓词归于我们自己，我们必须知道我们自己是独立地先于认识的实存者。

所以真正说来，任何判断都包含先验统觉的运用，是后者间接的表达。任何关于"我"的判断从严格意义上来说并不是直接表达"我思"，而是预设了它，"所以诸范畴的主体不可能由于它思维到这些范畴就获得一个有关它自己作为诸范畴的一个客体的概念；因为，为了思维这些范畴，它就必须把它的纯粹的自我意识作为基础，而这个自我意识却正是本来要加以说明的"②。先验自我意识并不是像经验性的自我意识那样的关于我的任何判断的直接表达，它不是直接意识。这个特征决定了"我"对任何对象都可以作判断并运用到这种意识，这些对象可以是上帝、世界、"我自己"。③

---

① 康德. 纯粹理性批判[M]. 邓晓芒，译. 北京：人民出版社，2004：291.
② 同①302-303.
③ CARR D. The paradox of subjectivity: the self in the transcendental tradition[M]. New York and Oxford: Oxford University Press, 1999: 52.

第三节　两种误读及其回应

关于统觉概念，国外学术界主要存在着两种有影响的解读。一种是以海德堡学派 Henrich 为代表的理性派的解读。很大程度上，这种解读受到康德之后由费希特传统延续下来的自我意识理论的影响，其主要特征就是将统觉理解为自我意识。另一种是以美国学者 Kitcher 为代表的经验派的解读。她不满传统的以自我意识为中心的阐释路径，而采用综合的概念。对这两种解读的方式与特征进行考察和回应，有助于我们进一步理解康德统觉概念所蕴含的深刻内涵。

一、Henrich 的理性派导向解读

基于笛卡尔认识论传统，Henrich 认为，康德实质上承认我们关于经验的客观性来源于个人的数的同一性的知识。他着重分析了康德有关"意识的统一"的重要论述："因为，如果不是内心在杂多知识中能够意识到这种统一性用来将杂多综合地联结在一个知识中的那个机能的同一性，这种意识的统一性就会是不可能的了。"① 对此，他解释道："在自我意识的每一个例示中都有指向所有其他自我意识列示的总体，而主体的同一性的知识就在于这种所指，这种知识的发生与每一个自我意识的例示一样是必然发生的。"② 因此，在 Henrich 看来，康德承认我们先天地存在着关于自我的数的同一性知识。

Henrich 进一步认为，康德在解释统觉或者自我意识的概念时使用了反思理论。所谓反思理论，就是指主体能够直接反思到自己的数的同一性，主体所宣称的与它自身持久的关联正是由主体将自己变为一个客体而形成的。Henrich 认为，康德用反思理论去解释自我意识的概念的做法是不合理的，因

---

① 康德. 纯粹理性批判[M]. 邓晓芒, 译. 北京：人民出版社, 2004：120.
② HENRICH D. The identity of the subject in the transcendental deduction[C]//Reading Kant. Oxford：Basil Blackwell, 1989：271.

为它本身预设了自我意识，必须还要回过头来解释自我意识自身是如何产生的问题。由此，他提出了一种"自我亲熟性"（self-familiarity）理论，以取代反思理论。所谓自我亲熟性，就是主体中本来就存在着一些表象，这些表象先于具体的反思，并构成了我们认识外部世界的前提。

先来看 Henrich 阐释过程的一个关键环节，即客观统一与个人的自我意识之间的逻辑关系。康德对此有着清楚的表述："因为，如果在一个确定的直观中被给予的杂多表象，若不是全部属于一个自我意识，它们就不会全都是我的表象，也就是说，作为我的表象（即使我没有意识到它们是这样一种表象），它们必须与这样的条件必然地相符合，只有在这一条件下它们才能够集合在一个普遍的自我意识中，因为否则的话它们就不会无一例外地属于我了。"① 这里的引文所说的条件是，杂多表象必须属于一个自我意识，必须集合在一个普遍自我意识中；结论是，这些杂多才都是"我"的表象，才无一例外地属于"我"。Henrich 所说的任何表象先必须能够归于"我"的个别的意识，然后才能说它们能够归于一个意识，逻辑顺序应该倒过来，任何表象之所以能够归于我个别的意识继而达到客观的统一，原因在于它们必须符合任何一个客观意识的条件。所以，Henrich 的观点背离了康德文本。

再来看 Henrich 阐释统觉概念所得出的重要结论。他提出自我亲熟性理论的目的无非是用它去代替"有问题"的反思理论。他有没有实现这个目标呢？我认为并没有。一方面，在康德那里，先验统觉必须能够伴随着"我"的一切表象，但这种伴随只是一种"必然的可能性"，也就是说，存在着一些借助现实的反思行动仍不能称为"我"的表象，所以，自我亲熟性的表象本质上就是关于先于任何确定的反思的"我自己"的表象。另一方面，这样一种属于"我自己"的表象无非是由先验统觉构造而成的。值得注意的是，Ameriks 还从经验自我意识和先验自我意识在逻辑上存在两种可能的关系反驳 Henrich 理论，认为其理论无效。② 一种可能是，如果我们坚称所有的经验性的自我意识都必

---

① 康德. 纯粹理性批判[M]. 邓晓芒,译. 北京：人民出版社，2004：89-90.
② AMERIKS K. Kant and the fate of autonomy[M]. Cambridge：Cambridge University Press，2000：248-249.

须需要先验自我意识,那么,最初属于我自己的那些心理状态并不应该与能够反思性地被表象的相似状态相联结。此种情形下,我们还称这些状态是"我自己"将显得无意义。另一种可能是,即使我们认为并不是所有的经验性的自我意识都现实地被先验自我意识所伴随,这样一种自我亲熟性的表象从某种意义上来说也已是一种自我意识,因为它毕竟表达了一个思维自我的自发性。从根本上看,Henrich 的自我亲熟性理论只是康德统觉思想的重复。

如上所述,Henrich 虽然着眼于从自我意识的角度解释统觉,但没有看到统觉的自指示功能。他对康德的自我意识理论做了修正,认为应该用自我亲熟性理论去代替它,这种做法夸大了统觉背后的自我主体,认为可以将自我转化为某种实在的东西(自我亲熟性的表象),而后者与主体自身有着持久必然的关联。

二、Kitcher 的经验派导向解读

Kitcher 阐释统觉概念的一个整体策略是,否认康德的统觉与自我之间的关联。在她看来,康德的"先验心理学"就是以各种"认知经验"为条件预设并建立起来的一门科学,而统觉是其中的一种。统觉是主体的心灵综合各种材料的最一般的认知任务,是寻求使某些认知状态真正能够成为一个心灵的状态的真值条件的理论。① 统觉的综合联结(及其相关的范畴)不关涉我们把心理状态必然能够归入我们自己的能力(即自我归化②的能力),而是对于整个认识能力起着关键的作用。因此,统觉最初并不是与自我本身相关,用 Kitcher 的话说,"统觉并不是首要的有关心理状态如何属于我们自身意识的理论"③,因为统觉的综合联结并不构成自我归化的充分条件。

康德的统觉确实与自我的本性不存在直接的关联,但不能排除它与自我会隐秘相联。Kitcher 意识到这种可能性。她采取的解决方案是,将统觉的"我"

---

① KITCHER P. Kant's transcendental psychology[M]. New York and Oxford: Oxford University Press,1990:144.

② 自我归化(self-ascription)是 Strawson 创制的词汇,这一术语被学界普遍接受并使用。Strawson 认为统觉就是主体必须能够将心理状态归入他自身的学说。(STRAWSON P F. The bounds of sense[M]. London: Methuen, 1966.)但 Kitcher 反对将统觉看作自我归化的能力,只把自我归化看作自我的本性。

③ 同①127.

论证为现象自我。理由有二：一是从统觉的概念来看，统觉是心灵状态之间的综合联结，而心理状态则是现象的，那么，不同心理状态之间的联结自然也是现象的。所以，关于自我认识的主题就是确立关于心理状态的综合联结的认识论地位，将自我划归现象界，而不是本体界。二是从《纯粹理性批判》的结构来看，"先验分析论"分为"概念分析论"和"原理分析论"，既然原理分析论试图建立起现象的因果性和实体实存，那么概念分析论，特别是先验演绎，就应该建立起现象的自我必需实存。①

一旦将统觉视为认知经验，就没有必要再假定反思的意识。所以，Kitcher 在分析统觉概念时直接将其还原为综合，几乎不谈自我意识。Kitcher 试图从她分析出的综合一般概念中推导出更多的结论，这就导向了对康德思辨哲学中备受诟病的"心理学"的当代方式的复现。她尝试从认知心理学的视角把综合与功能主义结合起来。什么是综合呢？Kitcher 认为综合的过程与电脑程序类似：输入一种物理状态就会输出与之对应的一种物理状态，输入一种非物质状态就会输出与之对应的一种非物质状态，输入一些符号就会输出与之相应的一些符号。② 当我们说心理状态 M_1 与心理状态 M_2 处于综合的关系，并且 M_2 是 M_1 的综合产物时，这就意味着，M_2 的产生依赖于 M_1，M_1 和 M_2 形成了由内容所决定的联系。③ 按照 Kitcher 的这种分析，康德在《纯粹理性批判》B 版演绎中力图克服的 A 版演绎的心理学因素又以新的方式出现了。

无疑，Kitcher 是在休谟哲学语境之下对综合进行了功能主义的阐释。其阐释的独特的地方在于，综合的基础——统觉被看作康德主观演绎的主题，从而与流行的观点不一样，主观演绎在她那里被视为整个先验演绎的核心议题，心理学可以得到最大程度的辩护，如此一来关于统觉的相关论证也成为康德对休谟哲学的强有力的回应。一旦如康德所宣称的那样，一切我们主体的认知状态能表象外物的条件是它们在统觉的统一下综合地联结，那么，我们可以说，

---

① 参见：KITCHER P. Kant's real self[C]// WOOD A W. Self and Nature in Kant's Philosophy. Ithaca and London: Cornell University Press, 1984: 120-121.

② KITCHER P. Kant's transcendental psychology[M]. New York and Oxford: Oxford University Press, 1990: 75.

③ KITCHER P. Kant on self-identity[J]. The Philosophical Review, 1982, 91(1): 54.

休谟对心灵的统一的质疑的观点难以站得住脚。

康德本人十分强调心理行动的自发性特征，而这在 Kitcher 的分析中消失不见。在康德那里，统觉的先验统一性之所以能成为他的认识论的"至上原则"，首先是由于统觉就是知性的综合行动。要想在康德哲学框架内合理地诠释心理活动的机理，都绝不能忽视统觉的这一特征。Kitcher 显然没有看到这一点，从而把主体的认知行动分解成独立且严格区分的两种不同行动。如果我们承认康德主张的心理活动的自发性，那么，综合的过程就不能像计算器那般只是机械地由 M_1 产生 M_2。M_2 的产生究竟是否依赖之前的抑或其他的心理状态是一回事，M_2 由于知性的自发性才能成为某个对象的表象又是另外一回事了。①

在我们看来，统觉不能仅仅被还原为综合，统觉的"我"也不能简单地被归为现象界。我们知道，康德通过先验辩证论不仅想要揭示思辨哲学家和自然神学家是误用理性理念导致了三个虚假的先天科学——理性宇宙论、理性心理学、理性神学，而且要提示我们人类的思维对于理性理念有着正确的使用方式，其运用领域就是道德。所以，在谬误推理中，康德虽然否定了在理论哲学中论证人类灵魂的不朽，但肯定了一个有效的关于灵魂不朽的论证可以在道德领域得到分析："然而与此同时，通过这种做法，对于按照那些与思辨的理性运用结合着的实践的理性运用的原理来设想来世的权限，甚至必要性来说，却没有丝毫损失；因为那种单纯思辨的证明本来对于普遍的人类理性就永远也不可能发生什么影响。"② 这也说明，将谬误推理的主题——统觉的"我"视为本体自我，对康德的道德哲学来说是多么重要。

由此可见，Kitcher 的这种解读将统觉看作认知经验，并将其还原为综合的功能，忽略了统觉的自发性、自我意识特征，导致了康德在《纯粹理性批判》B 版演绎中试图避免的心理学因素又出现了。此外，她也忽略了构成统觉基础的真正的主体，而这种主体并不能被经验性所规定。"我思"包含着"我在"这样的实存——"我在"在认识论范围内是不能被认识的，只有在道德领域才能被进一步规定。

---

① PIPPIN R B. Kant on the spontaneity of mind[J]. Canadian Journal of Philosophy, 1987, 17(2): 468.
② 康德. 纯粹理性批判[M]. 邓晓芒, 译. 北京: 人民出版社, 2004: 304.

小 结

通过考察统觉与想象力、感官之间的内在关系，我们阐明了统觉的两种含义，即表象客体的能力和表示主体的自我意识，同时揭示出与之密切相关的自发性和无确认的自指等核心特征。统觉首先是一种将杂多表象综合统一最终形成概念知识的认识能力。统觉的综合在我们主体形成对象认识的过程中扮演着知性综合的角色，它只针对直观。按照康德的理解，概念无直观是"空"，而概念的背后实质是统觉综合形成的结果。所以说，我们能够形成对象的知识，在根本上依赖于统觉的综合统一性的能力。进一步说，统觉的综合行动就是康德本人一再强调的统觉的自发性行动。从形式逻辑的判断来看，一个判断之所以能够被称为某个主体"我"的判断，原因就在于这个"我"先天、自发性地把该判断的任何对象都"认定"为是"我"做出的，关键在于，"认定""归摄"必须是主体意识到自我正在实施综合行动本身。而这种意识显然不同于针对对象的感官接受性的意识，因而统觉又是思维自发性的自我意识，这就是统觉的第二层含义。在《纯粹理性批判》中，康德使用的"我思"或者"统觉"术语一般表达的都是统觉的先验自我意识，而非经验性的自我意识。先验自我意识不依赖于内感官，它只涉及思维本身，并不涉及特别的个体的任何主观状态，因此它表达的是一种客观性的联结。对于一个主体来说，先验的自我意识就是借助它就能将自己意识为其他主观状态的同一个主体的意识。

当代哲学中，分别以 Henrich 和 Kitcher 为代表的理性派和经验派，在诠释统觉的概念时的确在某种程度上抓住了统觉的基本内涵，但却各自都有所偏颇。Henrich 强调统觉的自我意识功能，侧重于把统觉解释为自我（个别的自我）的数的同一性知识。然而他并不满足于此，试图用自我亲熟性理论取代康德的反思理论，这种解释无异于是对康德的统觉内涵的重复。而 Kitcher 则强调统觉的综合功能，把统觉解释成与自我本性无关的认知经验。她为了将康德统觉的概念视为对休谟怀疑论的有力回击，不惜牺牲了自我的本体论地位。

第三章

统觉与经验知识的建构

先验统觉是我们形成经验知识的最终依据所在，其"先验性"正在于它是产生经验知识的可能性条件。在康德的理论话语体系中，作为直观形式的时间和空间虽然也是经验知识形成的先决条件，但统觉的先验统一才是知识得以产生的根源，因为我们想要获得真正的知识，必须要将先验感性论的至上原理纳入更高的统觉的先验统一性的原理中去。① 统觉建构知识的原理，在内容上主要体现在《纯粹理性批判》的"纯粹知性概念的演绎"这一章中。按照康德本人的说法，对范畴的先验演绎的研究涉及两个方面：一是着眼于纯粹知性本身，探讨它的可能性和它自身立足其上的认识能力，因而是在主观的关系中考察它——主观演绎；二是涉及纯粹知性的那些对象，应当对知性的先天概念的客观有效性进行阐明和把握——客观演绎。② 主观演绎侧重分析心灵的综合活动，从既有的经验整体出发，推导出使经验成为可能的先天思维条件——范畴以及统觉，客观演绎则是从这样的先天条件出发说明经验如何具有客观实在性。可见，我们须对《纯粹理性批判》的范畴先验演绎中关涉统觉与经验之关系的一些关键论证及观点进行详细考察，以探明统觉对于经验知识的建构原理。

第一节

统觉的客观有效性与范畴的先验演绎

一般而言，要解决先验统觉与经验知识的建构问题，首先要回答一个问

---

① 康德. 纯粹理性批判[M]. 邓晓芒，译. 北京：人民出版社，2004：91—92.
② 同①6。

题：统觉为什么能够构成经验的先验条件？从康德对范畴进行先验演绎的论证原则来看，他认为范畴对经验的使用之所以是"合法"的，原因在于范畴使得思维成为可能。也就是说，我们只有借助范畴才能思维一个"对象"，继而才可能获得客观的经验。而这一原则所指向的就是统觉，因为思维的可能性根据实质上最终是依赖于统觉的，统觉具有比范畴更"本源"的地位。康德阐述范畴先验演绎所依赖的原则基于他对待经验、时空以及范畴的态度。

康德对待经验的立场是明确的。《纯粹理性批判》的导言即以"我们的一切知识都从经验开始"开篇，肯定了经验在认知过程中的优先地位。事实上，在康德那里，经验不仅是认识的起点，也为我们的认识划定了边界。我们的认识所凭借的先天概念虽然可以普遍必然地运用到对象身上，但这些对象是有限制的，即认知主体能够、可以去认识的对象必须是经验的可能性对象，知识的边界就是经验。

对经验的可能性必要条件的分析成为康德为自然科学中的先天综合判断进行哲学辩护所采取的策略。范畴的先验演绎正是要说明如何将范畴这样的先天概念合法地运用到经验中去。范畴与经验性的概念有着不一样的来源，后者可以从经验的"反思"中得来，而前者作为独立于经验的概念是依赖于心灵的。范畴能够先天地运用于经验的合法性显然与经验性概念占有经验、从已有的特殊经验中演绎出来不同，对范畴这样具有普遍必然性的先天概念不能进行经验性的演绎。

范畴也不同于时间和空间这样的先天概念。① 康德承认数学的公理，并认为数学的可靠性是毋庸置疑的，因而不需要哲学论证。而作为解释关于时空的先天综合命题的时空直观形式，我们当然必须接受，直接加以"阐明"即可，因此对时空的演绎称为"先验的阐明"。范畴却不能像时空概念那样被直接阐明，它们虽然作为自然科学的前提，但在康德看来这些范畴及其命题并不像数学公理那样的自明，特别考虑到休谟怀疑论者对科学中因果律的巨大破坏，因

---

① 康德将所有意识到的表象都广义地称为概念，时空作为直观可以无矛盾、潜在地成为反思之后的一个客体的概念，在此意义上，康德称时空为"先天概念"。参见：EWING A C. A short commentary on Kant's Critique of Pure Reason[M]. Chicago：The University of Chicago Press, 1938：36.

而他认为必须要对范畴进行论证。正因为这样，康德对时空与范畴的客观有效性持有不同的态度。在先验感性论中，康德认为时空作为感性直观的形式，其客观有效性通过感性对象在空间中的显现而轻易地得到承认："因为既然只有凭借感性的这样一些纯形式，一个对象才能对我们显现出来，也就是成为经验性直观的客体，那么空间和时间就是先天包含着作为现象的那些对象之可能性条件的纯直观，而在这些纯直观中的综合就具有客观有效性。"① 而范畴是由知性产生的，知性与感性完全不一样，很有可能会出现这样的情况：对象在感性中被给予我们并独立于知性的作用，也就独立于范畴的作用，"思维的主观条件怎么会具有客观的有效性，亦即怎么会充当了一切对象知识的可能性条件"②。"思维的主观条件"当然是指范畴，康德在这里强调了范畴的客观有效性是存疑的，或者至少面临着与时空的客观有效性的直接明证性不同的境地。

通过范畴与经验性概念、先天概念（指时空）的辨析，我们可以看出，康德对范畴的演绎不能是经验的，只能是先验的，对范畴的演绎不是一种阐明，必须在哲学上进行论证。康德把为范畴的这种合法性辩护的方式称为"范畴的先验演绎"："所以我把对概念能够先天地和对象发生关系的方式所作的解释称为这些概念的先验演绎……"③ 按照康德的说法，某物既然是先验的，那么就意味着使得经验成为可能，缺少先验条件，经验就是不可能的。康德虽然否认范畴从特定经验中抽象而来，但绝没有否认这种方法与经验无关，他认为先验证明的关键是要有经验的可能性（可能经验）这个"第三者"介入："在先验知识那里，只要它仅仅与知性概念发生关系，那么这个准绳就是可能的经验。"④ 在康德的知识体系中，先验知识的建立依赖于先验的证明，这种证明方法与数学中的先天综合命题"都可以直接从纯粹直观中引出来"不同，对范畴的先验证明必须涉及一个第三者去联结先天综合判断的主词和谓词，康德认为这个第三者就是"经验的可能性"。

---

① 康德. 纯粹理性批判[M]. 邓晓芒, 译. 北京：人民出版社, 2004：82.
② 同①。
③ 同①80。
④ 同①598。

范畴对经验具有客观有效性是因为它是思维的形式。我们如果想要形成经验知识，就不能不思维。康德为范畴的先验演绎制定了一个它必须遵守的原则："所以，一切先天概念的这个先验演绎有一个全部研究都必须遵守的原则，这就是：它们必须被认作经验的可能性（不论是在其中遇到的直观之可能性还是思维之可能性）的先天条件。"① "一切先天概念的这个先验演绎"表明，康德把时空的先验阐明也看成是一种对先天概念的先验演绎。所以，时空的先验阐明在康德看来是广义上的先验演绎，而严格意义上的先验演绎还是对范畴的演绎，即对其合法权利做出的阐明。范畴是知性的形式，所以是"思维可能性"的先天条件，这对应时空是感性的形式，后者是"直观之可能性"的先天条件。也就是说，正是范畴和时空一起构成了经验的基础，没有它们，经验就是不可能的。我们从这个原则可以看出，范畴之所以具有客观有效性，是因为对象经验的形成必须以对象能够被思维为前提。

然而，范畴的可能性以及关于范畴的先天知识是由统觉的先验统一造成的。康德将统觉的统一称为自我意识的先验统一，"以表明从中产生先天知识来的可能性"②。引文所说的"先天知识"就是指知识中的先天因素、范畴及其原理。在康德看来，范畴只不过是统觉的本源综合统一在实现自己功能的各个方面的表现。范畴的客观有效性在根本上依赖于我们拥有自我意识的先验统一这一事实。结合范畴的先验演绎所遵循的原则，我们发现，经验知识在思维形式上的原因是范畴，但进一步追溯的话，范畴的可能性依据是统觉的先验统一性。所以统觉的先验统一才是经验知识的根源所在。

统觉概念的寻绎：从 A 版演绎到 B 版演绎

确立了先验统觉之于经验知识的必要性后，我们进一步考察康德是如何寻

---

① 康德. 纯粹理性批判[M]. 邓晓芒，译. 北京：人民出版社，2004：85.
② 同①89。

绎出先验统觉的概念的。康德在两个版本的《纯粹理性批判》中引出先验统觉概念的思路是不一样的，在 A 版中是从"三重综合"学说追溯至先验统觉，而在 B 版中则从"联结"的概念追踪至统觉的统一。

一、A 版演绎：从"三重综合"到先验统觉

在 A 版演绎中，康德通过"三重综合"的综合理论获得使经验可能的先天条件——先验统觉。从方法上讲，康德试图通过对经验整体的分析，最终得出经验自身的条件。康德的分析方法与传统的分析法是不一样的。经验派的分析是简单地从感官对象中抽象出它的属性，因而在康德看来依靠这种分析法得到的看似普遍性其实还是偶然性。康德则主张分析时关注那些不能抽象掉、作为该对象基础的东西，用康德的话说，"……我们就必须研究，哪些是经验的可能性所依赖的，并且即使我们抽掉现象的一切经验性的东西仍作为经验的基础的先天条件"①。康德的分析法是就其将某一基础视作从其他因素剥离出来并加以考察来讲的，但就其将这一基础再当作其他因素的基础来看，它又是综合的方法。② 康德通过对感觉经验的整体分析追溯至其最终的先天条件，即先验统觉。

康德在具体论述"三重综合"时，首先利用了先验感性论里已经得到的结论，然后再往"上"——追溯，使当下的综合成为可能的条件。先验感性论里交代了，一切经验都从属于感性的直观形式，即时间、空间。而时间作为内感官，比空间更加本源。康德认为，我们面对的首先是杂乱的经验整体。在时间的前后序列之中，纷至沓来的直观杂多表象在时间的每一瞬间形成的都是绝对孤立的表象，难以被我们把握。所以，我们就需要一种"领会的综合"："现在，为了从这杂多中形成直观的统一性（如在空间的表象中那样），就有必要首先将这杂多性贯通起来，然后对之加以总括，我把这行动称之为领会的综合……"③ 直观中领会的综合直接体现为我们把握时间表象（内感官）的能

---

① 康德. 纯粹理性批判[M]. 邓晓芒, 译. 北京: 人民出版社, 2004: 113.
② 杨祖陶, 邓晓芒. 康德的《纯粹理性批判》指要[M]. 北京: 人民出版社, 2001: 134.
③ 同①115.

力，运用时间表象来整理、联结和组合一切杂多印象使之形成一个"概观"的能力。当然，这其中同时包含了把握空间表象的能力，因为康德在先验感性论中把空间关系归结为时间关系。其实在康德看来，没有这种直观杂多的能力，甚至连先天的时、空表象都不可能形成："因为这些表象只有通过对感性在其本源的接受性中提供出来的杂多进行综合才能被产生出来。"① 也就是说，没有这个综合，我们对直观就缺乏整体的"领会"感，没有这个综合甚至就没有时间、空间。

康德进一步认为，直观的领会如果没有更高的综合能力作为它的前提，单凭自身也是无法进行的。康德举"在思想中引一条线"为例，如果说我们引一条线时，总是把先前画的部分在思想中丢失，并且随后出现的表象又不能把先前的表象再生出来的话，那当然就不能产生一条线这样一个完整表象，完整的表象就是领会的统一体即第一重综合。往上追溯，如果我们没有再生的综合，就不能产生时间、空间这样的纯粹的表象，也就是说，就直观中的表象或者说时间、空间本身而言，如果我们发现没有再生的综合作为其前提，那么对于前者来说就是无法想象的，没有再生的综合就不存在领会的综合。这里可以看出，想象力再生的综合作用就是在第一重综合的情况下，把先前的各种直观杂多非现实地重现出来的能力。

到了想象力的再生的综合这一步时，直观杂多在时间意识中已经能够互相联系，但这样的一种联系本身并不意味着其无条件地合乎规律，因为它们之间的联系很可能只是偶然的、任意的。如果这种联系没有一种贯穿前后的"统一性"，我们就不能意识到当下在场的表象和再生出来的表象是同一个表象，那么表象的杂多还是形成不了一个整体："假如不意识到我们在思的东西恰好正是我们在前一瞬间所思的东西，那么一切在表象系列中的再生就会是白费力气了。"② 也就是说，假如没有更高的知性综合能力把统一性带到两个表象的关系中来，那前面再生的表象就等于"无"。于是，这种对表象之间一贯的、必然

---

① 康德. 纯粹理性批判[M]. 邓晓芒,译. 北京：人民出版社，2004：115.
② 同①117。

的综合能力的联结就被康德称作"概念中认定的综合"。

由此可见,作为直接针对直观的"直观中领会的综合",它是对时间中杂多表象的一种整体领会的意识,这种意识离开再生的综合过程的话,不但它自身是不可能的,时间本身都是无法想象的。没有再生的记忆,任何领会也不会持续下去。而这两种综合只是保证了直观杂多的呈现,但我们的认识需要对杂多加以统一的过程或者说要认定前后呈现的表象是同一的,因此,"概念中认定的综合"是前面两种综合得以可能的最终根据。综合的表象最终必须是在一个概念中得到认定的统一。

康德经过层层递进的追溯,以前一种综合必须以后一种综合为条件才得以可能的方式,发现了统觉的先验统一性。而"概念中认定的综合"这第"三重综合"所具有的统一性就是先验统觉赋予的,因此先验统觉达到了先验演绎的"最高点"。

二、B 版演绎:从联结的概念到统觉的统一

在 B 版演绎中,康德是从联结的概念推论出先验统觉的概念的。其中一个的关键就是对"联结"的定义:"联结是杂多的综合统一的表象。"① 联结的概念包含了三个内容:杂多,杂多的综合,杂多的综合统一。这样的内容对应着 A 版中的"三重综合"的思想。"三重综合"中最初级的综合是直观中领会的综合,是针对的具体的直观,对应着联结概念中的杂多。杂多真正能够算是被综合起来,必须借助想象力的再生,否则对直观杂多的概观消失了,杂多仍等于"空",杂多的综合对应着想象力的再生的综合。最终所综合的统一就是概念中认定的综合,概念是具体的杂多所形成的综合统一而最终形成的东西,是属于知性的。

实际上,"联结"之所以能够充当"三重综合",深层的原因在于,联结的机能与"三重综合"是内在一致的。我们知道,联结就是一个判断"S 是 P"中的"是",这样断言的行动则确立了判断所倾向的内容,判断是事实性地指

---

① 康德. 纯粹理性批判[M]. 邓晓芒,译. 北京:人民出版社,2004:88.

向客体的。判断形式"S 是 P"是由判断主词、判断谓词、联结三个因素组成的，判断之所以能够实现是因为它以对比、反省、抽象三个行动确定了概念 P，而认识 S 的过程用康德的术语来说就是领会、再生、认定。由此可见，"三重综合"在机能的统一上与上面判断的三个行动有着相同的内在逻辑结构。① 虽然康德的"三重综合"是由后天分析而来，但"三重综合"却是先天地有着自身的先验结构，是与判断的形式即逻辑机能紧密联系的。

康德通过联结的概念进一步追问是什么赋予了联结以统一性。联结的概念自身是没有这种统一性的："统一性的表象不能从联结中产生……使联结的概念成为可能。"② 那么追问"一般联结的可能性"的问题实质上就又和 A 版类似，即追寻是什么使得概念的综合得以可能的问题。康德同时提醒我们，给予概念统一性的绝不是量的统一性，而是质的统一性，也就是说，单一性的范畴这种量的统一性不足以充当赋予概念的统一性的角色，而唯有统觉的统一性这种作为知性的可能性根据的质的统一性才符合条件。

综观两版中康德得出统觉的思路，B 版中的论证至少在两方面优于 A 版。一方面，联结就是逻辑系词"是"，即"一般联结"，从这出发再去追寻它的逻辑根据的"可能性"，这样的论证可以保证逻辑上知识论的特征，进而避免了 A 版演绎可能招致的心理学责难。另一方面，康德在 A 版演绎论证综合是经验的必要条件经历了两个步骤：(1) 经验需要经验的综合；(2) 不可能所有的综合都是经验的综合，必然存在着先验的综合，否则知识将会变得不可能。而 B 版的联结概念由于就是由心灵自发性产生的，从其来源的意义来说排除了在 A 版演绎中综合的起源可能来自经验的情况，所有的综合都是先验的，所以论证上更加简洁。

三、如何理解统觉原理——"知性的一切运用的最高原则"

在解决统觉的运用问题之前，这里有一个重要的问题还需先行解决。在上

---

① POSTSDAM H H. Kants Begriff der Funktion und die Vollständigkeit der Urteils-und Kategorientafel[J]. Zeitschrift für philosophische Forschung, 2011, 65(2): 194.
② 康德. 纯粹理性批判[M]. 邓晓芒, 译. 北京：人民出版社, 2004: 88.

一章我们通过考察统觉与想象力、感官之间的内在关系，阐明了统觉的两种基本含义，即"表象"客体的综合能力和"表示"主体的自我意识，同时揭示出与之密切相关的自发性和"无确认的自指"等核心特征。同时还表明，当代学者对统觉概念的阐释与发展，无一不围绕着统觉的两种基本含义展开。只不过，不同的是，有些研究者（理性派）将其思想渊源根植于德国古典哲学传统，直接切中笛卡尔所开启的意识哲学的本质，另外一些研究者（经验派）则强调康德对休谟怀疑主义的超越，更加凸显认识能力的本体地位。相同的是，他们都基于某一特定方法论立场，导致了对统觉概念的种种误解。事实上，基于两种意义上的统觉概念，康德还提出了"两种统觉"的意识论。一方面，立足"表象"客体的综合能力的统觉，康德发展出"积极的"统觉意识论，试图从建构对象的先天综合知识的角度，为自然科学如何可能找到最终的依据。另一方面，立足"表示"主体的自我意识的统觉，康德发展出"消极的"统觉意识论，从消解主体的先天综合知识的批判性角度，部分回答了"形而上学作为自然倾向是如何可能的"这一问题（即对应本书的第三章与第四章）。

那么我们非常有必要考察一个极为重要的康德论述——统觉原理，统觉正是通过这个法则起作用的。康德在论述统觉的综合统一性原理时，直接采纳了笛卡尔的"我思"概念。前面我们已经表明，"我思"在严格意义上是被康德作为先验统觉的同义词使用的，所以关于"我思"的著名命题实质上就是统觉原理。康德这样来论述这一原理："'我思'必须能够伴随着我的一切表象；因为否则的话，某种完全不可能被思考的东西就会在我里面被表象出来，而这就等于说，这表象要么就是不可能的，要么至少对于我来说就是无。能够先于一切思维被给予的表象叫作直观。所以直观的一切杂多，在它们被发现于其中的那同一个主体里，与'我思'有一种必然的关系。"①

统觉原理至关重要，被康德视为"知性的一切运用的最高原则"②，在这里，我将它的范例视为判断，并进一步从命题性质的角度透视先验统觉的概念

---

① 康德. 纯粹理性批判[M]. 邓晓芒, 译. 北京：人民出版社, 2004：89.
② 同①91.

第三章 统觉与经验知识的建构

及其法则的丰富内涵。

关于判断的本质，传统逻辑学家认为，判断是两个概念之间的关系的表象。在康德看来，这种解释是有问题的。因为判断的真正目的是表达对一个对象的判断。传统逻辑不能排除将一个判断中概念之间的连接理解为联想律的作用。通过联想律，判断只能将表象联接在某个主体中："如果我托起一个物体，我就感到一个重量的压力。"康德认为的真正意义上的判断是，将谓词归于某个客体，"物体是有重量的"。必须指出，在《未来形而上学导论》中，康德将这两种判断统称为"经验性判断"，其中将由联想律建立起来的经验性判断称为"知觉判断"，将具有客观有效性的经验性判断称为"经验判断"。① 经验判断之所以具有客观有效性，原因不仅在于它涉及某一确定的对象，还在于它对于任何一个人——"一般意识"都是有效的。反观知觉判断，其概念的连接是联想律的作用，不涉及任何对象，只与主体的状态相关。所以，"'我思'必须能够伴随着我的一切表象"显然可以借助经验判断"I think that X is Y"的范例来表达，相应的统觉的统一就具有客观有效性。

直接表达"外在"（external）的经验判断是统觉原理的范例，那只涉及"内在"（internal）的知觉判断呢？知觉判断之所以也被康德称为经验性判断，是因为"我们的一切判断都首先是纯然的知觉判断……而只是在这之后，我们才给予它们一种新的关系"②，这就是说，知觉判断是潜在的经验判断。所谓"潜在的"就是指，我们对某个对象作出知觉判断，从根本上依赖于对该对象的经验判断的理解，知觉判断必定预设了统觉的客观统一性。从形式上看，"It seems to me that X is Y"可以被看作"I think that X is Y"的变形。我们仍以"如果我托起一个物体，我就感到一个重量的压力"为例，这个知觉判断必须建立在我们对"物体是有重量的"这个经验判断的理解上，它间接地指向后者的判断形式"X is Y"。

除了一般意义的经验判断和知觉判断，Ameriks 更是指出，真正能够体现

---

① 康德. 未来形而上学导论[M]. 李秋零，译. 北京：中国人民大学出版社，2013：40.
② 同①40。

统觉的先验统一性原理的范例应该是"I think that；I think that x is F，I think that y is G，I think that z is H"。这种统一体现在，我们的主体能够将个别主体的每一种思维行动都归于其主体自身，也就是先验统觉必然能够伴随着所有的思维的行动。Ameriks强调"真正的""本源"的统一，无非是借它凸显先验统觉与经验性的统觉之间的关系：先验统觉的行动必然能够伴随每一个经验性的统觉的思维行动。①

进一步说，统觉原理表达的只是"必须能够"的逻辑必然性，不是现实的必然性。这种"可能的必然性"在于，我们在具体表象某物时并不是现实地必须付诸反思性的行动。同时，康德还给"可能的必然性"的对象加了限制性条件：这些表象不能对于我们的主体是"无"。这就排除了那些以潜意识的方式在我们心中存在的心理状态。也就是说，如果这些因素不能直接抑或间接地为我们的认识提供材料，那么主体最终无法表象它们。

现在再来看统觉原理究竟是分析命题还是综合命题？康德本人给出的答案似乎并不明确。在《纯粹理性批判》A版先验演绎中，他认为"所有各种经验性的意识都必须被联结在一个唯一的自我意识中，这个综合命题是我们一般思维的绝对第一的综合原理"②。"绝对第一的综合原理"当然就是指统觉原理。在这里，康德认为统觉原理是综合命题。然而，他在B版先验演绎中说："现在，虽然统觉的必然统一这条原理是自同一的，因而是一个分析命题，但它却表明直观中给予的杂多的一个综合是必然的，没有这种综合，自我意识的那种无一例外的同一性是不可设想的。"③ 接着，他在B版谬误推理中说："统觉的我、因而在每次思维中的我是一个单数，它不能被分解为多数主体，因而标明了一个逻辑上单纯的主词：这一点已经包含在思维的概念之中了，所以这是一个分析命题；但这并不意味着能思的我是一个单纯的实体，那将会是一个综合命题。"④ 结合前面两处的论述，康德在第二版《纯粹理性批判》中又认为，统

---

① 参见：AMERIKS K. Kant and the historical turn：philosophy as critical interpretation[M]．Oxford：Clarendon Press，2006：56-57.
② 康德．纯粹理性批判[M]．邓晓芒，译．北京：人民出版社，2004：126.
③ 同②91.
④ 同②293.

觉原理是分析命题。

一种可能的解释是,康德的观点前后发生了变化。在 A 版演绎中,康德从时间意识杂多的综合一直追溯至统觉的作用,这样一来,统觉原理必然关涉具体的直观,因而是综合的。在 B 版演绎中,"由于范畴是不依赖于感性而只在知性中产生出来的,我就还必须把杂多在一个经验性直观中被给予的方式抽象掉,以便只着眼于由知性借助于范畴而放进直观中的那个统一性"①,所以,抽象掉了时空形式,也就抽象掉了作为综合判断所必需的人类感性的直观条件,统觉原理只能是分析的。

这种解释以牺牲康德思维的前后一贯性为代价,没能得到学界的普遍认同。其中,Kitcher 和 Allison 就统觉原理的命题性质各执一端。在 Kitcher 看来,统觉及综合是康德用来首要地反对休谟的反心灵统一立场的理论。Kitcher 力图论证,康德的统觉是我们主体基本的认知经验,哪怕休谟那样的怀疑论者也不会否认的一种认识能力;统觉原理的综合性就在于,任何有关主体的认知状态表象的条件是该状态必须综合地联结在先验统觉的统一之下。她还从范畴先验演绎的论证结构出发否认统觉原理的分析性:假设演绎中关于统觉原理的第一部分(15~20 节)是分析命题,那么它如何能对论证的第二部分(21~27 节)的论证做出贡献?②

Allison 着重从统觉原理的内涵说明其命题的分析性特征。首先,统觉原理针对的对象是直观杂多,假设杂多形成直观 i_1,i_2…,那么"我思"必然能够伴随 i_1,i_2…形成统一是"多"的"一"。由于"我思"所伴随的诸多表象形成了经验性的自我意识"我思维 i_1""我思维 i_2"等,所以直观杂多的综合统一真正说来是关涉一个单数的复杂思维。重要的是,这统一只涉及思维的形式方面,与内容无关,因而是分析命题。其次,单数的复杂思维对应的是单个的思维主体,这同样是一个分析命题。因为不同的经验性的意识,即不同的思维形

---

① 康德. 纯粹理性批判[M]. 邓晓芒,译. 北京:人民出版社,2004:96.
② KITCHER P. Kant's transcendental psychology[M]. New York and Oxford: Oxford University Press,1990:172.

成的统一必须是在一个单个的意识中才能被意识,否则我们无法形成相关知识。①

将统觉原理诠释为分析性命题会带来一个问题:分析性命题如何能推进先验演绎最终证明目标的展开,即范畴对直观杂多的客观实在性。这也是 Kitcher 质疑统觉原理分析性的重要原因之一。Allison 对此的回应是,B 版演绎的第一部分通过阐释统觉原理的含义揭示了先验统觉的统一与一个客体表象之间的关系。虽然统觉原理是分析命题,但由于范畴既作为先验统觉综合的条件,又作为客体表象成为可能的条件,因此统觉的客观有效性得到了保证。统觉原理作为分析命题并不是没有意义的。②

或许,一旦我们将统觉原理囿于范畴先验演绎的论证结构就会陷入 Kitcher 和 Allison 的争论中,无法真正搞清统觉原理的命题性质。那么,我们究竟如何摆脱这种思维的束缚呢?Howell 对统觉原理在先验演绎中扮演的角色做的一番分析,为我们理解这个问题迈出了重要一步。他说道:"无论如何,康德后来并没有将这个原理作为演绎进一步论证的预设。康德用这个原理只是要我们注意到这样一个事实:正如他在 16 节论证的那样,所有我的表象都必须服从于统觉的统一的条件。"③ 这启示我们,必须回到康德最初提出的统觉原理所表达的本真含义。康德在《纯粹理性批判》的第 16 节这样描述统觉原理的分析性与综合性之间的关系:"只有通过我能够把被给予表象的杂多联结在一个意识中,我才有可能设想在这些表象本身中的意识的同一性,就是说,统觉的分析的统一只是在统觉的某一种综合的统一的前提下才是可能的。"④ 隔了几行文字,他又说:"直观杂多的综合统一作为先天产生的东西,就是先天地在我的一切确定的思想之前发生的统觉本身的同一性的根据。"⑤ "这些表象本身

---

① ALLISON H E. Kant's transcendental idealism: an interpretation and defense[M]. New Haven and London: Yale University Press, 1983: 137-138.
② ALLISON H E. Idealism and freedom[M]. New York: Cambridge University Press, 1996: 51.
③ HOWELL R. Kant's transcendental deduction [M]. Dordrecht, Boston and London: Kluwer Academic Publishers, 1992: 158.
④ 康德. 纯粹理性批判[M]. 邓晓芒,译. 北京:人民出版社,2004: 90.
⑤ 同④90-91.

中的意识的同一性"以及"统觉本身的同一性"都表明，仅仅从"'我思'必须能够伴随着我的一切表象"就可以分析出一切我的表象都是"我"的表象，一切我的表象中都有一个"我"（可参见上文 Allison 相关论证的分析）。可见，统觉原理的分析是由"统觉""我思"的概念直接昭示出来的，是自同一的。两处引文还清楚地表明，统觉本身的同一性在逻辑上是有根据的，必须是对直观杂多的综合统一，是有内容、有对象的统一，不是如"A = A"纯形式的同一而达到的统一。

也就是说，康德肯定了统觉原理分析性的逻辑前提正是它的综合性特征。关于这一点，Guyer 从现代模态逻辑"从言（de dicto）—从物（de re）"的角度予以剖析。① 他认为，如果我们将统觉原理视为分析判断，那么它只具有从言的必然性：如果"我"能够称许多表象是"一"或者是所有"我的"表象，那么"我"必须领会到它们形成了"一个直观"。但这种从言必然性不蕴含从物的必然性，因为后者表明，如果"我"能独立地知道任何现实发生的、给定的表象，那么"我"将认识到它们是"一"或者是所有"我的"表象。Guyer 进一步指出，作为从言必然性的分析命题不能蕴含作为从物的综合命题，更不用说，蕴含着我能够根据确定的先天原则去综合直观杂多。须知道，这可是康德先天综合判断的基本要义。所以，在这个意义上，康德更需要一个综合命题的统觉原理。其实，正如 Guyer 在另一篇重要论文中指出的那样："哪怕一个分析性概念，康德所依赖的抑或描述为分析的原则，实际上也是综合的。"② Guyer 认为，第一版的统觉原理综合性恰好可以支撑第二版统觉原理的分析性。③

那么，在何种意义上，统觉原理既是分析命题又是综合命题？康德在《纯粹理性批判》中以"统觉的综合统一性原理是知性的一切运用的最高原则"为题，为问题的解答指明了方向。毋庸讳言，在康德哲学体系中，"知性的一切

---

① GUYER P. Kant and the claims of knowledge[M]. Cambridge: Cambridge University Press, 1987: 140.
② GUYER P. Kant on apperception and "a priori" synthesis [J]. American Philosophical Quarterly, 1980, 17(3): 208.
③ 同②209。

运用"既指形式逻辑的运用,又指先验逻辑的运用,前者只涉及形式上推论的一贯性,后者则必须运用于对象。从形式逻辑来看,统觉原理的分析性就在于,"我的一切表象"先天包含"我""我思"的表象;从先验逻辑来看,统觉的"我思"是自发性的自我意识,无时无刻不在综合"我"内心后天呈现出的直观杂多。所以,统觉原理又是综合命题。

第三节

统觉的综合对象:经验性直观

先验统觉对何种意义上的经验具有客观有效性?从康德范畴先验演绎的论证目标来看,统觉最终对经验性直观具有客观有效性。这种证明意图可以从两方面得到说明。一方面,如上文所提及的,经验在康德那里实际上包含两种不同意义的用法,一个是未经范畴作用的经验性直观的"初始经验",一个是建立在这种初始经验基础上再经由范畴作用的"对象知识"。另一方面,范畴的形而上学演绎和这里所着重关注的范畴的先验演绎一起构成了"概念分析论"。康德将这种两种演绎置于"概念分析论"名目下,试图通过范畴的形而上学演绎去论证范畴(连同统觉)对"对象知识"的客观有效性,而通过先验演绎论证范畴(连同统觉一起)对"初始经验"即经验性直观的有效性。

康德在《纯粹理性批判》的开篇就对经验的概念采取了两种不同的用法。他说:"我们的一切知识都从经验开始,这是没有任何怀疑的;因为,如果不是通过对象激动我们的感官,一则由它们自己引起表象,一则使我们的知性活动运作起来,对这些表象加以比较,把它们联结或分开,这样把感性印象的原始素材加工成称之为经验的对象知识,那么知识能力又该由什么来唤起活动呢?"[①] 引文中的第一个"经验"是我们认识的起点,是知识的"初级形态"。这种经验囊括了任何在我们感官中出现的东西,是未经范畴作用的"经验性直

---

① 康德. 纯粹理性批判[M]. 邓晓芒,译. 北京:人民出版社,2004:1.

观",即所有关于我们意识的经验。而第二个"经验"则是"对象知识"。这种经验显然是在感性和知性(由经范畴)的共同作用下形成的,不同于仅受感性的接受性作用的"初级形态"的经验。那么康德最终是要证明统觉对何种意义的"经验"具有客观有效性呢?①

在范畴的形而上学演绎中,康德已经诠释了统觉对于对象知识的客观有效性。从康德把"发现一切纯粹知性概念的线索"那部分内容叫作范畴的形而上学演绎可以看出,他是要通过寻找某条线索去论证纯粹知性概念不但是确实存在的,而且其原理还是完备的。而关于发现范畴的线索,康德是从亚里士多德发现范畴的方法寻觅而得的,并指出,"他不拥有任何原则,所以他碰到它们就把它们捡起来,他先是找出了十个这样的概念,把它们称作范畴(Prädikamente,云谓关系)。后来他相信他还发现了五个范畴,他就以'后云谓关系'的名义把它们添加上去"②。康德认为,亚里士多德搜集范畴的途径是通过经验的归纳,因而伴随着的是偶然、机遇的,不具有哲学上的必然性及完备性。范畴被称为纯粹先天概念,正表明了它不是如亚里士多德的范畴那样根源于经验的观察。因此,康德认为,从范畴的来源来讲,我们要在自己的知性中去寻找,唯有通过这样的途径获得的概念才能是纯粹的。当然,纯粹在意味着与我们的经验隔离开的同时,也基于这一点保证了其完备性,对此,康德说:"通过我们仅仅在作为先天概念(范畴)诞生地的知性中寻找这些先天概念并一般地分析知性的纯粹运用,来探究这些先天概念的可能性;因为这就是一门先验——哲学的特有的工作;其余的事则是对一般哲学中的诸概念进行逻辑处理。"③

---

① Beck 将未经心灵概念作用的经验称为"洛克的经验",将经由知性作用的经验称为"康德的经验"。他还在论文中提供给我们一种解读整个《纯粹理性批判》的方式,即康德是如何从"洛克的经验"过渡到"康德的经验"的。本书的这一部分内容论证了形而上学的演绎只是完成了对"康德的经验"的客观有效性的说明,范畴先验演绎才完成了对"洛克的经验"的客观有效性的论证。这样的一种论证路径反映了康德试图将"康德的经验"的必要条件运用到"洛克的经验",从某种意义上来说,所有我们的经验实质上就是"康德的经验"。因此,我在这里的论证可以被看是对 Beck 观点的一种体现。参见:BECK L W. Essays on Kant and Hume[M]. New Haven and London:Yale University Press, 1978:41-42.

② 康德. 纯粹理性批判[M]. 邓晓芒,译. 北京:人民出版社,2004:72-73.

③ 同②61。

既然范畴是从知性本身那里分析得来的，那么范畴的种类就可以借助对知性的运用进行揭示。康德对此的推理并不复杂，大致说来可以归结如下：知性的能力就是思维、判断的能力，判断本质上就是概念的使用。任何概念的使用都应该在判断的形式上得到体现，包括先天的概念。现在，逻辑已经建立起了那么多的判断的形式，那么通过对这些判断形式的考察便能揭示出先天的知性概念。经过这样的推理过程，康德就从知性在判断中的逻辑机能出发，将思维在判断中的机能归结为四个名目之下，分别是判断的量，判断的质，判断的关系以及判断的模态。与此相对应，范畴也有四组：量的范畴，质的范畴，关系的范畴以及模态的范畴。这些范畴所组合的范畴表就是完备的知性能力的体现，一共恰好是十二个。因此，康德借助于判断的逻辑机能这一知性的能力揭示出范畴表。这就等于说，我们所有关于对象的知识都必须采取某种确定的判断形式，它们受知性的纯概念即范畴的作用。

　　这里必须强调的是，康德在形而上学的演绎中只是说明了所有的"对象知识"需采取判断的形式，进而服从于范畴，而并没有说明经验性直观的感觉材料也要采取判断的形式，所以，经验性直观暂时还不能被纳到统觉的统一机能之下。

　　范畴的先验演绎的证明目标必然不同于形而上学演绎，并且要在后者基础上有所推进，否则将会变得多余。进一步说，从两种经验概念的外延来看，即使我们在范畴的先验演绎最终能够证明统觉对"对象知识"的经验具有客观有效性，仍不能充分地说明范畴对经验性直观的经验的有效性。因此，我们从康德将"先验分析论"的开始两章分为"范畴的形而上学的演绎"和"范畴的先验演绎"两个独立的章节并结合这里的分析来看，康德在范畴的先验演绎部分必然是要论证得出统觉对经验性直观的客观有效性这一结论。而事实也的确如此，康德在演绎的近末节论及其论证目标时说："……所以，一切可能的知觉，因而甚至一切总是可以获得经验性意识的东西，即一切自然现象，按照其联结来说都是服从范畴的……"① 经验性直观是服从于范畴的，继而服从于统觉。统觉最终所作用的对象是经验性直观杂多。

---

① 康德. 纯粹理性批判[M]. 邓晓芒, 译. 北京：人民出版社，2004：109.

第四节

统觉的经验性运用：从一般感性直观到经验性直观

前面我们分别阐明了先验统觉的必要性、先验统觉的寻绎以及它的具体作用对象，现在我们要问：康德是如何论证统觉的客观有效性的呢？实际上，统觉对经验性直观的客观有效性的论证不是一蹴而就的，而是被康德分成了两个步骤。这两个步骤对应着先验演绎的论证结构。

一、统觉的客观有效性与 B 版演绎的论证结构

德国学者 Henrich 的一篇深入探讨范畴先验演绎论证结构的论文[1]曾引起学界的广泛关注，其中一个核心的观点就是：先验演绎的整个结构遵循"一个证明两个步骤（two-steps-in-one-proof）"。简单地说就是，先验演绎第 20 节给出的结论"所以，在一个所予直观中的杂多必然从属于诸范畴"[2] 与后面第 26 节结论"那么范畴就是经验的可能性的条件，因而也是先天地适用于一切经验对象的"[3]，表面看来是相互独立的，每一个结论都表示了一个完整的论证逻辑及其结构。但如果我们考虑到康德在第 21 节的注释，他说 20 节之前完成的演绎部分仅仅"开始了纯粹知性概念的一个演绎"，我们有充分的理由相信前面所提到的演绎的两个部分一方面表达不同的含义，另一方面又构成同一个证明目标的两个关联命题。进一步的问题就是，两个关联的证明结构如何指向同一个证明目标？Henrich 采取的办法是从康德所使用的一个德文"Ein"入手，一处出现在"所以一切杂多只要在'一个'经验性直观（Einer emprischen Anschauung）中被给予出来"[4]，另一处出现在"所以在一个所予直观中的杂

---

[1] 参见：HENRICH D. The proof-structure of Kant's transcendental deduction[J]. The Review of Metaphysics，1969，22(4)：640-659.
[2] 康德. 纯粹理性批判[M]. 邓晓芒，译. 北京：人民出版社，2004：96.
[3] 同[2]107.
[4] 同[2]96.

多必然从属于诸范畴"①。他将 Ein 解读成"Einheit"（统一）的词根所代表的含义，而不是通常所理解的量词意谓。如此，"一个经验性直观"作为直观本身就意味着已然具有统一性。当我们说"一个所予直观中的杂多必然从属于诸范畴"时，就等于说，一个内在的统一性直观服从于范畴。按照这种解释，范畴先验演绎结构的第一部分只是证明已经包含统一性的直观必然从属于范畴。那么，结构的第二部分才将先前的限制条件克服，从而论证了任何直观都从属于范畴。

Henrich 的这种诠释路径从逻辑思维上来看是"反直觉"的②，也不符合康德论证思维的一贯性。我认为，演绎论证的一个目标并不是直观是否已具有统一性的根本特征继而服从于范畴，而是每一个一般感性直观作为一种统一性直观是服从于范畴的；演绎结构第一部分向第二部分的过渡并不是某种限制性条件被克服，而是康德将范畴特定地限制在人类感性直观，并规定了经验。在范畴的先验演绎中，范畴的这种运用领域的变化实质上也从某个方面折射出康德一贯的从普遍到特殊的思维进程。

依照我们的这种诠释，统觉对经验的客观有效性论证经历的两个步骤是：(1) 康德试图完成统觉对一般直观杂多的客观有效性的论证，此时被作用的杂多并不一定带有时空的直观形式特征；(2) 康德完成统觉对经验性直观杂多的客观有效性的论证，此时被作用的直观杂多就是特指任何我们人类可以意识到的感觉材料，并且这种感觉材料必然从属于时空的直观形式。

康德从一般思维到特殊思维的转变，也可以通过《纯粹理性批判》中逻辑上仅存有的三种存在者的相关论述得到体现。康德在先验演绎中区分了三种不同的知性存在者（的经验）："但对于人类知性来说，这个行动却不可避免地是第一原理，乃至于它丝毫也不能理解某种别的可能的知性，不论是本身可以直观的那种知性，还是那种即使拥有感性直观，但却是不同于空间和时间中那样

---

① 康德. 纯粹理性批判[M]. 邓晓芒,译. 北京：人民出版社，2004：96.
② 参见：ALLISON H E. Kant's transcendental idealism: revised and enlarged edition[M]. New Haven and London：Yale University Press，2004：137.

的感性直观作为基础的知性。"① 三种知性分别对应着：(1) 人类知性，这样的知性建立在时空这一感性直观基础之上；(2) 上帝的知性，它的感性就是知性，知性可以直观；(3) 类似于人类的存在者的知性，与人类的感性形式时空不同，这种存在者的知性建立在非时空形式的感性直观之上。自然地，这三种不同的知性存在者意味着各自可以获得自己的经验（如果上帝的经验也可以称为经验的话），我们可以称这三种经验分别为"经验 H""经验 G""经验 AH"。

上帝的经验显然是属于超验的，这样的经验绝对不可能是范畴所作用的对象，因为范畴先验演绎是证明科学的先天综合命题如何可能的一个重要环节。因此，康德在《纯粹理性批判》的第 21 节排除了上帝的经验："因为，假如我想思考一个本身直观着的知性……那么范畴对于这样一种知识就会是完全没有意义的。"② 至于剩下的两种经验，康德是如何对待的呢？

康德在 20 节中得出的第一部分的结论是，"所以在一个所予直观中的杂多必然从属于诸范畴"。第一部分的演绎所要达到的结论是关于一般直观的杂多，并且"把杂多在一个经验性直观中被给予的方式抽象掉"，也就是并没有考虑接受直观的方式。一般意义上的感性直观，既可以是时空感性直观，又可以是非时空的感性直观，因此康德在演绎的第一部分只是论证了一般直观必然地从属于范畴，此时依照先验演绎的原则，范畴运用的范围区域是"经验 H"和"经验 AH"。

然而，对时空的阐明在康德那里也是先验演绎，先验演绎原则的表述以"一切先天概念的先验演绎"开头，这意味着康德演绎所真正关心的对象始终是我们人类的直观，这样的直观只能发生在时空中。因此康德在第 26 节也就是对演绎的第二部分做出贡献的篇幅，立即引进了"形式直观"这一概念，就是要将我们演绎的方向又带到人类的直观这里来，这时的直观就是知觉。康德在演绎的第二部分证明了知觉也是服从于范畴的，正如结论所言："所以，一

---

① 康德. 纯粹理性批判[M]. 邓晓芒, 译. 北京：人民出版社, 2004：93.
② 同①97.

切可能的知觉，因而甚至一切总是可以获得经验性意识的东西，即一切自然现象，按照其联结来说都是服从范畴的……"① 也就是说，演绎的第二部分范畴运用到了"经验 H"。

先验统觉最终必然会应用于所有的人类的经验，而这样一个论证经历了两个步骤，先是统觉对一般直观的有效性的论证，然后是统觉对我们人类的经验性直观的有效性的论证。下面将分别对这两个论证进行阐明。统觉对一般直观的客观有效性的论证主要就是阐明先验统觉与对象的关系以及先验统觉与范畴的关系，而对经验性直观的论证，康德则重新采用了 B 版先验演绎的第一部分结构放弃了的 A 版演绎的两个关键概念：想象力的先验综合和领会的综合。

二、统觉运用于一般感性直观

统觉对一般直观的客观有效性的论证就是阐明先验统觉与对象的关系以及先验统觉与范畴的关系。一方面，统觉与对象是相互蕴含的关系。无论是 A 版中的"先验对象"还是 B 版中的"对象的概念"，康德都要说明，统觉既是对象形成的必要条件，也是其充分条件。另一方面，统觉的运用必然涉及范畴，范畴是统觉的必要条件。康德在 A 版中通过知性的能力来说明统觉与范畴的关系，在 B 版中则又回到范畴的形而上学演绎的思路，用经验判断来说明统觉与范畴的关系。

先来看先验统觉与对象的关系。在处理先验统觉与对象的关系问题上，康德在 A 版演绎中首先追问什么是对象。因为康德认识论的一个基本观点就是，知性的活动在认识过程中是将给定的表象（直观）联结在一个客体中以达到一个确定的关系形成知识，所以究竟什么是客体的问题就产生了。康德针对对象是什么的问题先是自问："人们所说的诸表象的对象这个用语究竟意味着什么……当人们谈论一个与知识相应、因而也和知识有别的对象时，他们是什么意思呢？"② 他进一步分析认为对于一切对象而言，如果我们抽象掉承载它们的内心表象以及

---

① 康德. 纯粹理性批判[M]. 邓晓芒,译. 北京：人民出版社，2004：109.
② 同①118.

表象的统一性,那么它们便什么都不是,充其量就是一个未知物 X,因为毕竟我们只和表象打交道。然而,我们的经验知识和对象之间却存在着一种必然性,这种必然性只能是我们把不同的表象归化于同一个对象的必然性,这样的必然性必然涉及诸表象和统摄这些表象的规则之间的一个确定的统一。所以,当我们谈论一个对象时,我们实际上谈论的是这个对象身上的统一性以及实施这种统一性的规则。

给予对象统一性的规则只能是先验统觉,因为概念是规则的能力,而概念中认定的综合就是统觉的作用。因此,先验对象从根本上来说是由先验统觉造成的。康德之所以将先验对象称为 X,是因为虽然先验统觉能够自身构成对象的表象,但此时的对象是否包含感性直观杂多的内容还是不可知的。因此,先验对象的概念就有两种发展趋势,一种是在这个表象中填充了经验感觉的内容,有一个现实中的经验的运用,于是先验对象就成了经验对象;另一种则是这个表象最终并没有内容,并不能运用于经验中,那就只能成为具有消极意义的自在之物概念。也就是说,先验统觉能产生一个先验对象的表象,是产生经验对象的必要条件。

在后来的 B 版演绎中,康德取消了先验对象的概念。他直接给对象(即客体)下了定义,"在其概念中结合着一个所予直观的杂多的那种东西"①。通过这个定义,康德实质上将有关对象的陈述转换为对该对象的概念的描述,将对象是什么的问题巧妙地转化为构成对象的认识论条件问题。经过这样一种思维上的改变,康德用对对象的条件分析取代了对象自身的分析,也就回避了关于对象的规定性本质问题,继而强调对象的概念性。对象首先在于它的概念,直观杂多并不是依附于对象本身,而是被结合在对象的概念中。②

对象的形成需要直观杂多的综合,而直观杂多的综合统一是由先验统觉的作用造成的,因此对象的概念自然就是先验统觉建立起来的。康德说:"于是

---

① 康德. 纯粹理性批判[M]. 邓晓芒,译. 北京:人民出版社,2004:92.
② 对于这样一个对象的概念,Allison 认为既包含物理对象,比如盘子等,也包含这些对象的属性,甚至包含抽象的对象,比如理性等,只要它们符合可以作为判断的主词,以及对象的概念涉及表象的综合统一。参见:ALLISON H E. Kant's transcendental idealism:an interpretation and defense[M]. New Haven and London:Yale University Press,1983:147.

意识的统一就是惟一决定诸表象对一个对象的关系,因而决定这些表象的客观有效性并使得它们成为知识的东西,乃至于在此之上建立了知性的可能性。"① 也就是说,没有意识的统一就没有对象的表象,统觉的统一是我们形成任何对象之表象的必要条件。

康德在 B 版演绎中通过对对象的定义同样实现了统觉的统一与对象表象之间的联系,但正如前文所说,统觉的统一与对象的统一之间应该是蕴含关系,所以康德不仅仅要证明先验统觉是对象表象的必要条件,还要证明先验统觉也是对象表象的充分条件。但实质上,就后者而言,康德并不用单独说明,毋宁说,这一点已经得到了说明。统觉的先验统一性原理已经表明,表象的杂多之所以能形成对象,首先因为它们是统一中的多。我们无论是形成先验对象还是对象的概念,必须意识到构成它们的直观杂多孤立地看是各不相同的,但又构成了同一个系统。所以,表象的这种综合统一是意识的统一的必要条件,没有表象这样的综合的统一,意识的统一是不可能的。意识的统一即统觉的综合统一同样构成对象表象统一的充分条件。

再来看先验统觉与范畴的关系。在范畴的形而上学演绎中,康德直接通过判断的逻辑形式推导出十二对范畴,然而,A 版演绎通过对"三重综合"这个经验必需的综合行动的阐述表明,赋予概念以必然性的就是先验统觉。那此时先验统觉与范畴是如何联系在一起的呢?

先验统觉带给我们一切知识与它的对象的关系以必然性,"于是,没有那种先行于直观的一切材料、且一切对象表象都惟因与之相关才成为可能的意识的统一性,我们里面就不可能有认识知识发生,也不可能有这些知识之间的任何结合和统一发生"②。也就是说,如果"我"要去认识"我"的表象,那么"我"必然地就知道它们是"一"并且这些表象都属于"我",这仍然是在重复统觉的先验统一性原理。但我们可以从这句话中推出一个关键的结论:这些表象之间的联结必然只能够被我们先天地去认识,而不能通过经验去观察。

---

① 康德. 纯粹理性批判[M]. 邓晓芒,译. 北京:人民出版社,2004:92.
② 同①119-120.

康德紧接着将表象之间的联结归于心灵的行动，即知性的能力，并且认为这种联结依照的是范畴的规则。康德说："但正是统觉的这种先天的统一性，从一切总是能够在一个经验中相伴同的可能现象中，按照法则产生出了所有这些表象的某种关联。"① 这句话表达了表象之间的联结即"某种关联"是由统觉按照确定的法则进行的。虽然这里没有直接陈述出这个法则是什么，但毫无疑问就是范畴。范畴就是知性的固有的规则。此外，统觉就是知性："在与想象力的综合的关系中的统觉的统一是知性，而正是在与想象力的先验的综合的关系中的这同一个统一，是纯粹知性。"② 所以，统觉就是借助于知性这个"第三者"与范畴这种知性固有的规则建立起关系。

统觉的统一必须依赖于范畴的规则，范畴构成了统觉的必要条件。康德在A版演绎中并没有借助范畴先验演绎直接得出关于统觉与范畴的关系，而是通过知性的能力这一中介一方面表明统觉的统一是知性的能力，另一方面表明范畴是知性这种能力的规则，从而说明了统觉与范畴之间的关系。

然而，在B版演绎中，康德又回到了形而上学演绎的思路，将统觉的概念与经验判断相关联。他先是建立起统觉与对象的关系，认为统觉的先验统一就是使一切在直观中给予的杂多都结合在一个客体概念中的统一性。统觉的统一与客体的统一是互相蕴含的。然后对象的概念自然地被放置于经验判断中，而关于一个客体的判断虽然并未表明关于客体的表象在经验性直观中必然相互隶属，但表达了统觉的必然统一，并且"是按照对一切表象作客观规定的原则的"③。这样的规则自然还是指范畴。经验判断是对一个对象的判断，而统觉的统一与客体的统一已经显示为是互相蕴含的，所以判断的客观性就体现了统觉的统一。只不过，康德在这里进一步运用了形而上学演绎的结论，即范畴就是从判断的逻辑机能那来的。最终，康德通过判断说明了统觉与范畴的关系。

如上所述，B版演绎的第一部分只论证了先验统觉针对一般直观的运用，这样的直观对象是并不具有我们人类感性直观形式的时空特征的，可以以类似

---

① 康德. 纯粹理性批判[M]. 邓晓芒，译. 北京：人民出版社，2004：120.
② 同①126。
③ 同①95。

于人类的直观的形式呈现出来。范畴对一般直观的应用可被称为范畴的先验的运用:"思维就是把给予的直观与一个对象联系起来的行动。如果这种直观的方法根本无法给予出来,则该对象就只是先验的,知性概念就没有别的运用,而只有先验的运用,即具有思维对一般杂多的统一性。"① 所以,统觉对一般直观的运用也应被称为"统觉的先验运用"。

统觉原理本来已经表明,任何我们的表象都必须从属于统觉的综合统一。这种表象既可以是感性和知性共同作用形成对象概念的对象,也可以是还没有知性参与综合行动的单纯感觉材料,前者以经验判断的形式出现,后者以知觉判断的形式呈现。然而随着范畴演绎的进行,康德为先验统觉与对象的表象建立起了联系,继而将统觉的统一这种表达自我意识的客观统一性与经验判断的客观有效性等同。这样一来,统觉的客观有效性实质上排除了知觉判断所表达的判断,其覆盖的对象领域与之前的统觉的综合统一性命题所作用的对象范围相比变窄了,也就违背了他最初的"'我思'必然能够伴随着我的一切表象"的命题思想。②

三、统觉运用于经验性的直观

严格说来,统觉先验的运用不能称为真正的运用,除非统觉可以进一步运用到经验中去。而事实上,康德也必须论证统觉的经验性运用。当康德把统觉的运用限定在人类的经验性直观时,即限定在统觉的经验性运用,他先是论证了统觉对感性直观形式(经验性直观得以可能的先天感性条件)的运用,然后才完成对经验性直观的运用。康德在 B 版先验演绎的第二部分结构重新采用了第一部分结构放弃了的 A 版演绎中的两个重要概念:想象力的先验综合和领会的综合。

康德为论证统觉是感性直观形式的先验条件引入了想象力的先验的综合的概念,将这种综合分别连接人类感性的形式和统觉(及范畴)。这样的论证可

---

① 康德. 纯粹理性批判[M]. 邓晓芒,译. 北京:人民出版社,2004:224.
② GUYER P. The Cambridge companion to Kant's Critique of Pure Reason [M]. Cambridge: Cambridge University Press, 2010: 142.

分为两个步骤进行：首先，想象力的先验的综合是时间的确定表象的充要条件，就如先验统觉与对象的关系一样。其次，想象力的先验综合必然符合统觉的综合统一。

康德区分了"知性联结的综合"与"形象的综合"。知性联结的综合是依赖单纯知性的行动，是将表象的杂多带到统觉的客观统一性的判断活动。而形象的综合如果指向统觉的本源综合统一则就是想象力的先验综合，如果只能形成图形则是想象力的经验的综合。康德在这里实质上只关心想象力的先验的综合。

想象力的先验综合是如何产生时间表象的统一的？由于想象力是能够把一个对象甚至当它不在场时也在直观中表象出来的能力，那么对于时间表象来说，具体的时间部分要想形成一个单个时间的话，我们在时间中实施活动时必须将不在场的时间部分表象出来，表象出来的各个部分时间最终构成一个单个时间的组成部分，而这一过程就需要想象力的先验综合。对时间表象的规定是由想象力的先验综合来实施的，所以这样一种先验综合是时间的确定表象的充要条件。

然而在论证想象力的综合如何必然符合统觉的统一时，康德直接宣称想象力的综合是思维的自发性，它先天地规定内感官的形式，并且就是依照统觉的统一来完成的。康德这样说道："但毕竟，它的综合是在行使自发性，是进行规定的而不像感官那样只是可规定的，因而是能够依照统觉的统一而根据感官的形式来规定感官的……"①

康德在范畴先验演绎中不能只证明范畴对感性直观形式的客观有效性，还须证明范畴对经验性直观同样具有客观有效性，因为："纯粹知性概念即使当它们被运用于先天直观（如在数学中）时，也只有在这些先天直观、因而借助于先天直观使知性概念也能够被运用于经验性直观的情况下，才获得知识。"②我们想要获得经验知识，其对象就须是在经验性直观中构造而成。所以，统觉

---

① 康德.纯粹理性批判[M].邓晓芒,译.北京：人民出版社，2004：101.
② 同①98.

的经验性运用最后必须运用到由于纯直观呈现给内感官的一切感觉材料。

康德是如何论证经验性的直观服从统觉的综合统一的呢？他的策略是借助对时空表象的分析说明。一方面，时空构成经验性直观的前提条件；另一方面，统觉又是时空得以可能的前提。如此一来，经验性直观就服从统觉的综合。

在《纯粹理性批判》第 26 节一开始，康德就说："我首先要说明的是，我所谓的领会的综合，是指在一个经验性的直观杂多的复合，借此，知觉也就是对这直观的经验性的意识（作为现象）才成为可能。"① 主观演绎已经说明了知觉需要领会综合的作用，而后者综合的对象就是感觉杂多，即"一个经验性的直观杂多"。任何能够出现在感官中的感觉材料都是经验性直观，领会的综合就是对感觉材料的复合。康德借这句话说明了他此处论证所达到的对象是一切出现在时空中的现实的感觉内容。

我们可以从两个不同的视角去看待时间和空间的表象。时间和空间既可以被看成是纯形式，又可以被看成是具有统一性的直观本身："空间和时间不仅被先天地表象为感性直观的诸形式，而且被表象为（包含着杂多的）诸直观本身，因而是借助于对诸直观中的这种杂多的统一性的规定而先天地表象出来的（见先验感性论）。"② 值得注意的是，在这段引文的注释中，康德把先验感性论中常常论述的作为感性直观形式的时空称为"直观的形式"，而把作为直观本身的时空称为"形式的直观"。康德对这两者所做的区分是：直观的形式是经验性杂多得以呈现在我们内心的直接条件，它提供一个法则，使任何事物都受这条法则的作用从而以时空的方式表象出来。而形式的直观具有统一性。康德把时空看作一种与其他具体事物相参照的特别的对象，其自身具有统一性的表象，即它们带有知性的综合。

当时空作为直观的形式时，一切在时空中出现的东西就都要受它们的规定，那么，对时空中直观对象的知觉、领会自然也要服从于时空的直观形式，

---

① 康德. 纯粹理性批判[M]. 邓晓芒，译. 北京：人民出版社，2004：106.
② 同①106-107。

康德对此说道:"我们在时间和空间的表象上拥有外部的和内部的感性直观的先天形式,而对现象杂多的领会的综合任何时候都必须适合这些形式,因为这综合本身只有按照这种形式才可能发生。"① 而当时空作为形式的直观时,由于其本身具有了统一性,所以这统一无疑是来源于知性的统觉的统一,康德对此说道:"但这综合的统一不能是任何别的统一,只能是一个给予的一般直观的杂多在一个本源的意识中按照诸范畴而仅仅应用于我们感性直观上的联结的统一。"② "本源的意识"就是本源的统觉意识。先验统觉是作为形式直观的时空自身能够真正统一的必要条件。

综上所述,作为形式直观的时空得以统一的前提条件是先验统觉的综合作用,而作为直观形式的时空统摄着经验性直观杂多,任何在内心呈现的经验性直观杂多必然服从于先验综合的统一。

小 结

我们从《纯粹理性批判》范畴先验演绎的相关文本出发系统阐释了统觉如何能够对对象经验起到一种建构的作用。首先,统觉的客观有效性在康德那里与范畴先验演绎密切相关。从康德对范畴进行先验演绎的论证原则来看,他认为范畴对经验的使用之所以是"合法"的,原因在于它使得思维成为可能。也就是说,我们只有借助于范畴才能思维一个"对象",继而才可能获得客观的经验。而这条原则所指向的就是统觉,因为思维的可能性根据最终实质上是依赖于统觉的,统觉具有比范畴更"本源"的地位。

其次,康德既然确定了先验统觉之于经验知识的必要性,那么他就要寻绎出先验统觉的概念。康德在两个版本的《纯粹理性批判》中引出先验统觉概念的思路是不一样的,在 A 版中是从"三重综合"学说追溯至先验统觉,而在 B

---

① 康德. 纯粹理性批判[M]. 邓晓芒,译. 北京:人民出版社,2004:106.
② 同①107。

版中则从联结的概念追踪至统觉的统一。正如前文指出的那样，原因有二：一是联结就是逻辑系词"是"，即"一般联结"，从这出发再去追寻它的逻辑根据的"可能性"，这样的论证可以保证逻辑上知识论的特征，达到去除 A 版演绎所带来的心理学的意图。二是 B 版的联结概念由于就是由心灵自发性产生的，那么从其来源的意义来说排除了在 A 版演绎中综合的起源可能来自经验的情况，所有的综合都是先验的，所以论证上更加简洁。

再次，从康德范畴先验演绎的论证目标来看，统觉最终对经验性直观具有客观有效性。由于范畴先验演绎与范畴的形而上学演绎的论证目标不一样，也由于前者要在后者的基础上在论证上有所推进，所以康德通过范畴的形而上学演绎去论证范畴（连同统觉）对"对象知识"的客观有效性，通过范畴的先验演绎去论证范畴（连同统觉一起）对"初始经验"即经验性直观的有效性。

最后，先验演绎的论证结构使我们看到统觉对经验性直观的有效性的论证被康德拆分为两个步骤而具体展开，先是统觉对一般直观的客观有效性，然后是统觉对经验性直观的有效性的论证。先验统觉对一般直观的运用实则就是统觉的先验运用，而对经验性直观的运用是统觉的经验性运用。统觉的先验运用对象就是先验对象抑或一般对象，而这种对象不一定是隶属于感性直观形式的对象。然而，统觉不能仅仅只具有先验的运用，因为在康德那里，其先验运用必须要进一步作用于经验。当统觉运用于经验的时候，经验性直观的对象才是感性直观形式之下的对象。

第四章

统觉与主体先天知识的限制

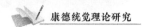

康德基于统觉概念构建起了对象经验的知识，先验统觉的意识连同纯粹范畴一起对现象世界中的直观杂多进行综合统一，使得经验具有了客观实在性。然而，康德将自己建立的形而上学称为科学的形而上学，把他试图要取代的形而上学称为独断的形而上学，认为后者的"独断"乃在于理性自身，它在缺乏经验材料的基础上仍然追求更高的统一、达到"更遥远的条件"。在康德看来，理性心理学作为独断的形而上学，它把独特的"我思"视为研究对象，并以此为唯一原则构筑灵魂学说。对此，康德的态度也是明确的，沿袭唯理论以纯粹"我思"解释人类知识的致思趋向，但不赞成其仅由"我思"这一原则出发就逻辑地推导出关于灵魂的一切先天知识。在《纯粹理性批判》中，康德专辟一章"纯粹理性的谬误推理"对理性心理学加以批判。在那里，康德基于在范畴先验演绎中建立起的统觉原理，通过批判笛卡尔、莱布尼茨等理性心理学家的灵魂学说，试图揭示出统觉对主体先天知识的限制性作用。

主体先天知识产生的"合理性"

在对待主体知识这个问题上，康德试图通过批判理性心理学的主体理论以表明扩展主体知识的企图是徒劳的。他对理性心理学家的一整套理论进行了深入细致的分析和梳理。康德在《纯粹理性批判》中用了整整一章的篇幅"纯粹理性的谬误推理"批判理性心理学，恰恰说明了理性心理学的存在本身首先具有某种似是而非的合理性。在《纯粹理性批判》第一版序中，康德将自己要建立的形而上学称为科学的形而上学，把他要取代的形而上学称为独断的形而上学。所谓独断的，就是在缺乏经验材料的基础上，仅依赖理性的逻辑推理便宣称可以推论出我们主体外存在着关于终极对象的知识。独断的形而上学的问题正出在理性身上，不是说理性有先天的缺陷，而是说理性的本性要求它追求更高的统一、达到"更遥远的条件"。这样一来，"人类理性也就跌入到黑暗和矛盾冲突之中，它虽然由此可以得悉，必定在某个地方隐藏着某些根本性的错误，但他无法把它们揭示出来，因为它所使用的那些原理当超出了一切经验的界限时，就不再承认什么经验的试金石了"①。人类理性自身"隐藏着某些根本性的错误"，不经由理性的批判就无法被揭示出来，这就是康德点出的独断的形而上学的根本问题所在，也是康德之所以对纯粹理性进行批判的一个重要原因。

康德所批判的独断的形而上学主要指理性心理学、理性宇宙论和理性神学。把康德对独断的形而上学的批判转换成"康德问题"就是，这种"形而上学作为自然倾向是如何可能的"。在《纯粹理性批判》的"先验辩证论"中，康德主要探究作为自然倾向的形而上学为什么会陷入种种先验幻相之中。先验辩证论因此也被康德称为"幻相的逻辑"。灵魂、世界、上帝构成了幻相逻辑的三个研究对象。其中，灵魂是主观上的统一，以纯粹理性去认识灵魂将会陷入"纯粹理性的谬误推理"；世界是客观上的统一体，以纯粹理性去认识世界将会陷入"纯粹理性的二律背反"；上帝则是主客观的统一体，以纯粹理性去认识上帝将会陷入"纯粹理性的理想"。由此可见，幻相逻辑不同于真理逻辑之处在于，后者讨论知性推理如何形成真理，前者讨论理性推理如何形成真理的假相。

理性心理学正是这样一种真理的假相，并且是"一种自然的和不可避免的幻觉"。它的"不可避免性"固然源于人类本性的自然倾向，但在理论上也有合理之处，即唯理论把"我思"视为研究对象，并以此为唯一原则构筑灵魂学。康德在谬误推理中直接将"我思"作为陈述的中心词表面看来似乎有点唐突，但如果注意到他在"我思"的后面加上"统觉的形式原理"就可明白其中

---

① 康德. 纯粹理性批判[M]. 邓晓芒,译. 北京：人民出版社，2004：第一版序 1.

的缘由了。在《纯粹理性批判》范畴先验演绎的统觉原理中,康德直接借用笛卡尔的术语"我思"表达"纯粹统觉"的概念;在纯粹理性的谬误推理中,康德又将"我思"说成"统觉的形式原理",即仍是纯粹统觉,并认为理性心理学家就是根据"我思"才扩展我们关于主体知识的:"'我思'这个统觉的形式原理乃是理性心理学家之所以敢于扩展自己的知识的全部理由。"① 康德之所以这么做,原因在于在先验演绎中,"我思"最初是作为先验的自我意识而被提出来的,但康德对这种意识的直接论述并不多,主要是就这种意识对经验对象的构成方面如何起作用进行阐明,而康德现在主要将"我思"的自我意识落实到对主体的作用方面,即探讨先验意识与主体的实存(及其认识)有着怎样的关联,这一点是先验演绎部分很少涉及的。

在康德看来,理性心理学家获得主体先天知识所依赖的唯一性原则就是"我思",并且他们把"我思"作为研究主题是合理的。首先,"我思"表象能够把灵魂与肉体这两种对象区别开来。思维的"我"(灵魂)是内感官的对象,其本质就是从事思维活动,是经验"我思",构成经验心理学的研究主题。肉体的"我"是外感官的对象,其活动发生在外部空间,能够被物理手段所测量、观察,构成物理学的对象。而先验"我思"虽然自身不掺杂任何经验性的要素,却能将关于"我"的灵魂表象与肉体区分。主体唯有借助先验"我思"才能不仅思维对象(外感官),还思维这个思维自身(内感官)。合理的心理学必须首要把心理对象和物理对象相区分,这无非只有"我思"能胜任这个角色。其次,"我思"能够对经验心理学起一个范导性的作用,且自身形成独立的一门科学。尽管先验"我思"所产生的表象必然会出现在内感官中,经验心理学研究的又是灵魂在内感官中产生的现象,但我们可以不考虑经验心理学中的经验维度,仅对先验"我思"进行单独的研究,继而仅仅从"我思"的概念推论出一整套的主体的先天知识。综上,理性心理学家唯一地以"我思"为研究对象建构主体学说的做法是可行的。②

---

① 康德. 纯粹理性批判[M]. 邓晓芒,译. 北京:人民出版社,2004:314.
② 同①289.

关于康德分析理性心理学"我思"的相关论述,我们需要注意两点:第一,康德并没有严格区分某物的概念与对某物本身的意识,他用"我思"既指代统觉的先验自我意识,也指代思维的存在者。在"谬误推理"的开篇对"我思"这个概念的说明中,康德就称"作为能思的存在者的'我'这个术语已经意味着心理学的对象了,这种心理学可以称为合理的灵魂学说"①,这里的"我思"概念直接等价于"我"——一般思维的存在者的概念。由此看来,康德认为,理性心理学家通过先验自我意识的概念推导出关于灵魂知识与通过思维存在者概念推导出关于灵魂的知识是一回事。第二,康德并没有否认"我思"这种先验自我意识是经验,但这并不等于说他违背了理性心理学家仅依赖理性就得出灵魂学说的原则。理性心理学能够被称为理性的就说明这种心理学不能包含任何经验的使用,因为经验所能告诉我们的任何关于灵魂状态的"经验知识"都是感觉经验,能够被证实的感觉经验显然不能构成理性心理学意义上的灵魂学说。在康德看来,先验"我思"作为表象能够在我们的内心呈现,我们就自然对它能有所意识并知觉到它的存在,因此我们拥有对"我思"的知觉和内部经验。但这种知觉仅仅是我们对"我思"能动的思维活动的意识,并不能成为一个心理学的对象,所以我们关于"我思"的知觉和内部经验"就不能看作经验性的知识,而必须看作对一般经验性的东西的知识,属于对任何一个经验之可能性的研究,而这种研究是先验的"。②"我思"只是一般经验,它自身是没有经验性的因素的,并且作为经验认识的先验条件,这种经验并不与理性心理学的原则相悖。

先验谬误推理的一般错误

理性心理学试图仅从"我思"的概念出发推导出关于主体的先天知识。拥

---

① 康德. 纯粹理性批判[M]. 邓晓芒,译. 北京:人民出版社,2004:288.
② 同①289。

有主体的先天知识实质上就是指作为主体的主词先天地联结着相关的谓词。然而，在康德看来，理性心理学家所推导出来的关于主体的先验谓词都是杂乱的，必须对它们进行"正位"，继而把它们置于一个逻辑的体系中。康德具体是如何对这些先验谓词进行"正位"的呢？

康德认为理性心理学家所能推导出的关于主体的所有先验谓词都应该可以通过"正位论"来加以说明。正位论依赖于范畴表，它提供的规则实际上就是指一旦我们确定某些相关联的命题后，每一个命题中的先验谓词就必须和与之相应的范畴一一对应。康德提出正位论是因为理性心理学家得出的关于主体的诸多先验谓词是杂乱的。他要批评理性心理学的灵魂学说就必须依照某种确定的规则对这些谓词进行整理。而这规则实际上就是他本人所发现的范畴表，正位论完全遵循范畴表。康德认为，既然理性心理学家在考察灵魂这一主体时已经把它作为某个东西来对待，那么就已经将其当作实体了，所以正位论的第一个命题就是关于"实体"的。实体是康德范畴表中第三组范畴中的第一个，按照正常的思维推导，接下来的范畴依次是第四组、第一组以及第二组。这种顺序的推导方法被康德称为"后续推论法"①，其结果是，由实体性的范畴所引出的其他先验谓词将是分析性的。基于此，康德选用"前溯推论法"②，即给定某物之后，追溯它之所以可能的条件，只有这样的一种综合的方法才能保证由实体性范畴引出的其他先验谓词能够产生先天综合命题。依照康德的范畴表，实体的范畴属于关系范畴，之前分别是质的范畴、量的范畴，之后是模态的范畴。质的范畴是"单纯性"，量的范畴是"单一性"，模态的范畴是"可能性"。于是，康德就得到了关于灵魂的四组先天综合命题：灵魂是实体；就其质而言灵魂是单纯的；就其所在的不同时间而言灵魂在号数上是同一的，亦即单一性（非多数性）；灵魂与空间中可能的对象相关。康德依照前溯推论法从实体性出发向前追溯使实体性成为可能的条件，追溯到的第一个条件就是"单纯性"，因为只有单纯的东西才是实体，复杂的东西会受到限制和否定继而消亡。第二

---

① 康德. 纯粹理性批判[M]. 邓晓芒，译. 北京：人民出版社，2004：281.
② 同①266.

个条件是"单一性",只有单一地能够自我保持一贯、持存下来的东西才能是实体。第三个条件便是"可能性",实体最终必须和空间中的事物打交道才能说明它现实地实存着。

康德进一步从灵魂学说的四个先天综合命题推导出灵魂的各个先验的谓词。实体与灵魂这两个概念组合在一起就可以得到"非物质性"(Immaterialität)的概念。因为"我思"的表象处于内感官中,没有广延,它作为对象只能是非物质的实体。由单纯的实体又可以得到"不朽性"(Inkorruptibilität)的概念。非物质性的实体的另一特征就是单纯的。广延的东西是复杂的,可以被进一步分为单纯的,但单纯的实体自身将不可再分,所以是不朽的。灵魂的第三个先验谓词就是"人格性"(Personalität)。单纯的实体是超感性的,能够超越感性的杂多达到智性的统一,而这种统一是实体自身在时间序列中号数上的同一促成的。灵魂号数上的同一性保证了灵魂人格性。前面得到的非物质性、不朽性、人格性这三个先验谓词一起构成了"精神性"(Spiritualität)。也就是说,精神性的实体同时具有非物质性、不朽性以及人格性这三个特征。与第四个先天综合命题对应的是"交感"(Kommerzium)的先验谓词。交感在严格意义上并不能称为灵魂实体的知识,因为它只是处理对象的主客观关系,而它之所以被康德看作先验谓词,是因为灵魂的前面三个谓词必须通过它与现实发生关系,否则灵魂的知识不能实现出来。理性心理学的论证目标是灵魂不死,而动物性的灵魂与精神性(或者说与前三个先验谓词)进行组合就得到了"不死性"(Immortalität)。所谓不死性就是指即使我们的肉体已经死亡或消逝,但具有精神性的灵魂却依然存在。灵魂在现实中支配了肉体就表现为"生命",此时的生命主要适用于一般意义上的动物。所以,如果我们用精神性这个概念再去对这个动物性的灵魂加以限制,就能使灵魂获得不死性的先验谓词。

康德实际上最终还是依赖于自己的范畴表对理性心理学关于灵魂先天知识的几个先验谓词进行"正位",将理性心理学家论证灵魂的不死性的过程置于一个逻辑体系中。从这几个先验谓词的逻辑顺序来看,在对应正位论的四个谓词中,前两个先验谓词非物质性和不朽性都是否定性的,后面的人格性和交感是积极性的。而精神性是前面三个先验谓词的合取,不死性又是精神性与动物性灵魂的合取。康德正是通过这种对灵魂的一步步规定使灵魂的含义不断得到充实，最终得出了"灵魂不死"的命题。

"先验谬误推理"就是特指经过康德的范畴表逻辑整理的理性心理学家关于灵魂的四个命题——"实体性""单纯性""人格性""观念性"。我们将先验谬误推理所犯的一般错误归为两类：形式逻辑上的"四名词"推理错误；认识论上的"先验—经验"的混淆。为了叙述方便，我将以《纯粹理性批判》第二版中的第一谬误为例对相关问题进行说明。

由于先验谬误推理也是以三段论的推理形式出现，所以康德首先将其纳入一般谬误推理之中来考察，并认为"先验"谬误推理和"逻辑"谬误推理一样都犯了"四名词"的错误。谬误推理的发生是主体在一个三段论的推理形式时借助理性从给定的大前提和小前提出发推导出一个必然的结论，这个推理是在"四名词"的错误之上而错的。那么，什么是"四名词"错误呢？以《纯粹理性批判》第二版中的第一谬误为例，第一谬误推理的大前提是"凡是只能被思考为主词的东西也只能作为主体而实存，因此也就是实体"，小前提是"现在，一个思维着的存在者仅仅作为本身来看，只能被思考为主词"，结论是"它也只作为一个主体，也就是作为实体而实存"。① 大前提中的"凡是只能被思考为主词的东西"与小前提中"一个思维着的存在者"这两个存在者表面看起来是指同一个东西，但其含义实质上存在差异。大前提中的这个存在者既可以作为思维与意识的统一性的主词来思考，也可以作为在可能中的直观中被给予来思考；而小前提中的存在者只能作为思维与意识的统一性这一种意图被思考。因此大前提和小前提的表面上意思一致的名词通过修辞格的诡辩使它在两个前提中在含义上出现了歧义，进而得出了一个本不应该得出的结论。这样的三段论推理通过修辞的描述，把小前提的条件归摄到大前提中，而大前提中的两个词与小前提中的两个词的含义却没有一个相同，这样一来，在整个的推理过程中出现了四个中心名词，所以这种错误的推理形式就产生了"四名词"的问题。

在康德看来，导致"四名词"错误的三段论推理实质上也意味着分析命题

---

① 康德. 纯粹理性批判[M]. 邓晓芒, 译. 北京：人民出版社, 2004：295.

到综合命题的非法过渡。他认为从大前提、小前提的分析性无论如何都不可能推导得出一个综合命题的结论来。第一谬误推理的前提只是在解释主词、主体、实体的含义，而结论却是涉及思维的存在者现实地实存的状态，所以从分析命题的前提条件过渡到综合命题的做法是非法的。

先验谬误推理与逻辑谬误的不同之处就在于前者是涉及认识论的，所以它的错误还有着认识论方面的依据。从认识论来说，主词"思维的存在者"即"我思"已经被康德解释为伴随其他一切表象的纯粹自我意识，它是给予一些表象综合统一性的自我意识，并构成了客观经验的必要条件，也是范畴运用的必要条件。理性心理学家却想把范畴反过来运用于这个"思维的存在者"，这必然会导致范畴的误用。

因此，从先验谬误推理可以看出，理性心理学混淆了范畴先验——经验的运用。在康德看来，推理的大前提是对范畴就其条件方而言所做的一种先验运用，而小前提及结论在针对同一个范畴时是就其归摄于这条件下而言的灵魂方面所做的一种经验性运用。① 范畴的先验运用是指，对范畴的运用超出了经验的范围抑或没有注意可能经验对它的限制。康德指出，大前提中的实体范畴所以对范畴做了先验运用，原因在于，它在使用范畴时脱离了将认识对象归摄于概念下的形式条件。这种范畴被康德称为"单纯的范畴"。对范畴做先验的运用，表面上似乎是可以的，但实际上并无意义，因为脱离经验的范畴无论怎样被运用，结果必然是无效的。范畴的经验性运用不同，它借助时间的图型获得合法性。康德在《纯粹理性批判》的"原理分析论"中逐一揭示了十二对范畴是如何通过先验想象力产生时间图型，与感性事物打交道的。做经验性运用的范畴也被康德称为"图型化的范畴"，所以，从思辨领域来看，谬误推理的错误就在于，理性心理学在康德用法上的"单纯的范畴"和"图型化的范畴"之间做了非法的过渡。毕竟，我们可以认为，所有先验主词都可以是先验实体，但这照样不能保证，某个具体的经验主体就属于那个经验实体。

康德之所以通过范畴的先验—经验运用的混淆去说明谬误推理形式上的错

---

① 康德. 纯粹理性批判[M]. 邓晓芒, 译. 北京：人民出版社，2004：345-346.

误,原因就在于主词拥有先验的和经验的两种意义。康德认为理性心理学家不甘于将先验主体限制在自在之物中,他们的错误在于通过主词的模糊含义游走在实体概念的两种含义之上。如果我们将它理解为经验意义上的主词,它就是可以被规定的;而如果将它理解为先验意义上的主词,它就是不可规定的。在这两种情况下,只有在前一种意义上的主词的概念才意味着主体是经验意义上的实体,即带有持存性特征的实体。理性心理学对统觉的误解造成了先验与经验的混淆,最终只能得出停留在小前提之上的结论,即,作为思维的存在者的"我"是先验意义上的实体。

先验谬误推理产生的根源:误解了统觉的本性

以上分析虽然阐释了所有先验谬误推理之间存在着怎样共同的错误,但不能充分地解释康德为什么会说先验谬误推理产生的幻相是"不可避免"的,但又"不是不可消解"①。这样一个不可避免地产生幻相的先验根据是什么呢?我们只有深入到每一个具体的先验谬误推理中才能找到上面问题的答案。因此,这一部分我们将依次考察"实体性""单纯性""人格性"这三个谬误推理,并指出理性心理学家在每一个推理过程中犯了怎样的错误以及为什么这种错误是源于对统觉本性的误解。②

---

① 康德. 纯粹理性批判[M]. 邓晓芒,译. 北京:人民出版社,2004:288.
② 下文我将主要分析《纯粹理性批判》第一版中实体性、单纯性、人格性这三个先验谬误推理。理由是:(1)虽然康德在《纯粹理性批判》第二版关于"谬误推理"这一章对第一版进行了重写,并且他在第二版中基本省去了第二、三、四谬误推理的讨论,只对第一谬误推理进行了较为详细的批判,但这并不代表只有第一谬误推理才重要,更不能说明他在第一版中对谬误推理的详细分析可以被忽略。康德在第二版中之所以强调第一谬误推理,一部分原因在于,其他三个谬误推理都建立在"我是实体"这个命题之上,只要驳倒了这个命题,其他几个命题就自然瓦解了。另一部分原因则是康德为了论述的连贯性与简洁,而仅用四个简短的段落对四个谬误推理进行了概括和批判。而我们现在研究的重点是考察康德是如何具体地诊断每一个先验谬误推理产生的深层次根据,所以必须对第一版中的详细相关论述进行仔细的分析。(2)"观念性"谬误推理与其他三个谬误推理关于灵魂自身的知识不同,它只涉及灵魂的客观效果,并不是对灵魂本身的规定。另外,康德分析这个谬误的根本意图是为他自己的先验观念论辩护。因此本书不讨论这个谬误推理。

一、实体性

> 这样一种东西，它的表象是我们的判断的绝对主词，因此不能被用作某个他物的规定，它就是实体。
>
> 我，作为一个思维着的存在者，就是我的一切可能的判断的绝对主词，而这个关于我本身的表象不能被用作任何一个他物的谓词。
>
> 所以，我作为思维着的存在者（灵魂），就是实体。①

大前提是对实体概念的定义。亚里士多德在《范畴篇》中对实体下了这样的定义："实体，就其最真正的、第一性的、最确切的意义而言，乃是那既不可以用来述说一个主体又不存在于一个主体里面的东西，例如某一个个别的人或某某匹马。"② 虽然在亚里士多德那里，实体有"第一实体"和"第二实体"之分，其中第一实体指个别的东西，第二实体表示抽象的种和类，但这里的引文表明，他还是把第一实体看作严格意义上的实体，即既不述说主体，也不依存主体的具体个别事物。从这个意义上说，实体就是只能作为主词，不能作为谓词的东西。近代对实体问题的讨论主要引向了认识论。尽管笛卡尔、斯宾诺莎、莱布尼茨对实体的定义有所区别，但他们都强调实体是独立不倚的东西。例如笛卡尔就认为："凡是被别的东西作为在其主体之中而直接依存其中的东西，或者凡是我们所知觉的东西（即任何特性、性质、属性，我们对其有实在的观念）借以存在的东西，就叫做实体。"③

康德没有理由拒绝自亚里士多德以来的哲学家对实体的基本界定，并且不加解释地在用这个概念。例如，他在论述范畴客体性时，拿实体的概念打比方，把实体的概念直接说成"关于一个作为主词而永远不能仅仅作为谓词存在的某物的概念"④。后来在"对这个原理体系的总注释"中又将实体的概念说成

---

① 康德. 纯粹理性批判[M]. 邓晓芒,译. 北京：人民出版社，2004：310.
② 亚里士多德. 范畴篇 解释篇[M]. 方书春,译. 北京：商务印书馆，2013：12.
③ 笛卡尔. 第一哲学沉思集[M]. 庞景仁,译. 北京：商务印书馆，2007：161.
④ 同①99.

"某物只能作为主体而不能只作为他物的规定而实存"①。由此可见,第一谬误中的大前提康德认为是确证无疑的。

那么,康德是否也接受小前提呢?事实上,大部分研究者如 Wood② 等都认为康德反驳这个谬误推理就是要指出小前提存在着问题。这个给定的小前提乍看起来存在着问题,因为从该命题的含义来看,前后半句并不等价。但正如 Ameriks 指出的那样,或许这两个半句在康德那里本来就是相互独立的,并不能相互推导。③ 的确,在我看来,康德没有理由拒绝这个小前提,相反,有证明表明他是支持它的。我们按照 Ameriks 提供的线索将两个半句独立地看,首先,"我,作为一个思维着的存在者,就是我的一切可能的判断的绝对主词"无异于说不同的思维从属于一个共同的"我",因为思维就是作判断的能力。"绝对的"只是强调了"我"的表象必然只能唯一地以伴随的方式表象我的思维。而统觉原理已经表明,"我"必须能够伴随所有我的表象(思想),统觉的"我"构成了我们客体知识的先验条件。因此,思维着的"我"是"我的一切可能的判断的绝对主词",用康德的统觉原理表达就是,无论是经验判断还是知觉判断,所代表的思维都必然地能够被"我思"所伴随。其次,对于后半句,康德似乎并没说过为什么"我"不能作为谓词,他倒是隐含地说过任何概念都可以出现在一个命题中的主词或谓词位置。④ 但如果我们将这个半句放入小前提中并将其与大前提比较就会发现,康德或许仅仅认为"实体"的定义足以解释后半句的合理性。而且,从康德给出的小前提的最初意图及相关的论证来看,他也只是强调我们必须能够将"我"的所有的判断归于"我"。由此可见,小前提在康德看来依然和大前提一样是有说服力的。

我认为,这个谬误推理的问题确实出现在小前提上,但并不是说小前提自身是错误的,而是理性心理学家在理解这个小前提上出了错。如上所述,小前

---

① 康德. 纯粹理性批判[M]. 邓晓芒,译. 北京:人民出版社,2004:212.
② WOOD A W. Kant's dialectic[J]. Canadian Journal of Philosophy, 1975, 5(4):603.
③ AMERIKS K. Kant's theory of mind: an analysis of the paralogisms of pure reason[M]. Oxford: Clarendon Press, 2000:68.
④ 同①86-87。

第四章 统觉与主体先天知识的限制

提的成立基于统觉原理，而理性心理学家的谬误推理也是源于对"我"的表象用法的误解。我们知道，休谟早就意识到我们没有关于主体的直观，而康德在此基础上进一步认为既然我们需要认识，就必须认识到"我"的一切心理状态都必须属于一个持存的意识，即同一的"我"。从形式逻辑来看，统觉原理是分析命题，它克服了休谟的怀疑论，并使我们认识到我们在认知过程中必须使用这个"我"空的表象。理性心理学家虽然也在使用"我"，却仍试图为先验主体找到一个直观，并把这个主体表象为某个实在的东西，因此他们把本应缺乏直观的先验主体看成了对这个"我"的属性的直观。小前提到结论的过渡是非法的，因为"我"作为表象的形式是所有"我"的思想的绝对主词，它的绝对性就在于只要出现思维，"我思"就必然跟随，但这并不意味着"我"就是作为实体性精神性的存在者，因为它不能穷尽理论上的所有可能性；我们完全可以设想一个非精神性的存在物的实体的灵魂。因此，理性心理学家要想合法地得到最终的结论，即自我是经验的实体，这个小前提必须建立在经验性的直观之上，否则就是"把思维的那个持久不变的逻辑主词冒充为对依存性的实在主体的知识"。①

所以理性心理学在理解该命题时混淆了作为所有判断主词的"我思"的表象与作为持久直观的自我。即使我们承认实体性，它也是一种没有持存性的实体，"因为这个我虽然在一切思想中，但却没有任何将之与其他直观对象区别开来的直观与这个表象相联结。所以我们虽然可以知觉到这个表象总是一再地伴随一切思维而出现，但却不能知觉到一个固定不变的直观，在其中各种思想（以变化的方式）交替着"②。究其根源，"我思"本来只是一个空的表象，是单纯的思维，但理性学家并没有认识到这一点，认为存在着关于这个"我"的内部直观。

康德对第一谬误的结论是："灵魂是实体"这个命题仍然可以保留，但我们只能在"理念"中而不能在"实在性"中用灵魂去表示一个实体。灵魂缺少

---

① 康德.纯粹理性批判[M].邓晓芒,译.北京：人民出版社，2004：311.
② 同①.

了实在性也就意味着它在现实中不能永久地延续下去。我们不禁要问：这样的一种缺少延续性的灵魂还能是实体吗？虽然康德在某种程度上承认了灵魂的这种"理念"的实体性，但他绝不是意图去建立"我是实体"这个命题，哪怕把实体这个存在者理解为空的或者形式的。毋宁说，康德只是承认了"我"这个存在者是"空的或者形式的"，"我"也必然将自己以实体性的方式来看待"我自己"。康德要澄清的只是，为什么我们必须将自己以实体性的方式来看待自己，并且必然地产生"我是实体"的幻相。

二、单纯性

这样一种东西，它的活动永远不能被看作许多活动的东西的合作，它就是**单纯**的。
现在，灵魂，或者思维着的我，就是这样一个东西；
所以就如此如此。①

大前提是对"单纯性"的定义。对于"单纯性"，一个普遍被接受的定义就是"没有部分""不可分"。"实体是单纯的"可以被看作莱布尼茨的"单子是不可分的"之重述。在莱布尼茨看来，真正意义上的实体就应当具有无限性和不可分性的"权力"，真正的单子是绝对不可分解的。莱布尼茨用这个命题去反驳唯物主义。② 他认为，如果像唯物主义那样认为思维的东西可以是物体或者机器，那么这些东西就是可分的，但一直可以无限分下去的东西自然就无法解释知觉现象了，所以实体必须是单纯的。

显然，康德是吸收了莱布尼茨的思想，认为这个定义自身表达了形式逻辑的自明性。他的理由是，当某个东西不能被看作许多活动的东西的协作，那么我们仅依靠理性的推理，而不需要借助任何的直观就可以推导出那个东西是单纯的。因此，大前提在康德看来是毋庸置疑的。

---

① 康德. 纯粹理性批判[M]. 邓晓芒, 译. 北京：人民出版社, 2004：312.
② WILSON M D. Leibniz and materialism[J]. Canadian Journal of Philosophy, 1974, 3(4)：510-511.

那么，康德是否也接受小前提呢？他借一个思想实验转述了理性心理学家关于单纯性的论证，并表明了自己的立场。理性心理学家的相关论证有两个重要节点：（1）思维只有依附于一个单个的主体才是可能的。假设我们把思维的内容都孤立地分散开来，例如，把一首诗分成若干个词，分散在不同的思维存在者那里，每一个思维者都获得了思维的一部分（即组成诗的部分词）。但不论这些词如何组合在一起，要是最终没有一个人能在同一时间意识到这些词构成的整体，这些词的部分就不能构成一个完整的思维。所以要想每个东西真正地能够被我们所思维，我们主体就必须意识到所有的部分构成了一个表象（思维）。换言之，思维需要一个单个的主体。（2）思维的部分既然必须预设一个单个的主体，那么这个思维者就不能是复合物，思维的主体必须是单纯的。

对于理性派的论证，康德认为他们关于（1）的推论没有问题，因为这个推论就建立在统觉原理之上。我们为了能够思维，就必须综合地将思维中复杂的内容综合在一个单个的思维中，这些表象必须属于一个统觉的统一，因此必须要一个单个的主体。但康德认为关于（2）的推理是有问题的，"因为由多个表象所组成的思想的统一是集合性的，而且按照单纯的概念来看既可以与在这方面共同合作的那些实体的集合性的统一发生关系（正如一个物体的运动就是它的一切部分的运动的复合一样），同样也可以与主体的绝对单一性发生关系"①。康德指出，理性心理学家的推理建立在后一种的基础之上，却忽略了前一种的可能性。因为我们可以赞成理性心理学家的推理，即思维的特征要求必须有一个单个的主体，但不能由此进一步推论出，这样的一个主体本身必须是"绝对的单纯的"——"不包含任何相互外在的杂多的东西"②。这种情况下的主体也可能是复合的。因为对于思维（如关于一首诗的思想）的统一虽然不能被解释为不同思维者不同的思维（构成诗的词）的联结，但这也绝不意味着这样的思维者自身（思维诗歌的主体）不能是复合的存在者。Sellars 从语义学角度将这里的道理一语道破："作为诸思维的主体的'我'是一个复数性（思维

---

① 康德. 纯粹理性批判[M]. 邓晓芒, 译. 北京：人民出版社，2004：313.
② 同①297。

所依赖的主体其自身是复合的）并不等同于作为诸思维的主体是复数个'我'（思维依赖于不同的主体）。"①

因此，康德将这个谬误推理的产生归结为对统觉的"我"的本性的理解："有一点是肯定的：我通过这个'我'任何时候都想到了一个绝对的、但却是逻辑上的主体单一性（单纯性），但并非这样一来我就会认识到我的主体的现实的单纯性。"② 也就是说，理性心理学单纯从"我"概念的分析只能得到"逻辑上的主体单一性"，而不能得到"主体的现实的单纯性"。逻辑上的单一性就是一种绝对的单纯性，即"我思"的综合活动仅仅是单一的活动，而不能包含其他的活动。然而，现实的单纯性是对经验材料进行统一的单纯的活动，包含了杂多性的内容。理性派试图通过对思维存在者进行抽象的分析就推导出关于该存在者自身内在所具有的性质，这注定是不可能成功的。③

康德继续对这个错误的推理进行诊断："显而易见：如果有人想要表象一个思维着的存在者，他自己就必须置身于这个存在者的位置，因而必须用他自己的主体去置换我所要考虑的客体（这是在任何别的一种研究中都没有的事），而我们之所以对于一个思想要求有主体的绝对统一，只是由于否则我们就不能够说：我思（我在一个表象中思维杂多东西）。"④"我思"与经验对象不一样，就经验对象而言，由于它自身就处于外部感性直观之中，所以"我思"可以对其进行思维。但当我们对"我思"进行研究的话，必须运用我们的反思能力，即将主体置换成客体去思维这个"我思"。问题是，我们虽然通过反思将"我思""变成了"客体，实质上它并不能成为真正客观的实体，因为这个过程仍在主体之中进行，"我思"不可能获得一个外部直观。从这里可以看出，这个谬误的根源在于：统觉的"我思"没有自我直观。

---

① Wilfrid Sellars 的原文是 "the subject of thoughts, the 'I', is a plurality" is not the same as "the subject of thoughts is a plurality of 'I's", 文中括号里的内容系笔者添加。参见：SELLARS W. Metaphysics and the concept of a person[C]//Essays in Philosophy and Its History. Dordrecht: Reide, 1974: 239.
② 康德. 纯粹理性批判[M]. 邓晓芒, 译. 北京：人民出版社, 2004: 315.
③ KITCHER P. Kant's transcendental psychology[M]. New York and Oxford: Oxford University Press, 1990: 203.
④ 同②314。

康德对这个谬误的最终结论是:我们可以有条件地接受这个命题,"但'我是单纯的'则无非意味着:'我'这个表象并不包含丝毫杂多性,而且它是绝对的(虽然只是逻辑上的)单一性"①。我们可以说"我是一个单纯的实体",但"单纯的"并不是指经验的意义,这种单纯性并不是如理性心理学家那样将其运用到现象中,如他们认为某物单纯的就是不朽的。

三、人格性

凡是在不同的时间中意识到它自己的号数上的同一性的东西,就此而言它就是一个人格:

现在灵魂就是如此如此。

所以灵魂就是一个人格。②

大前提是对人格的定义。近现代哲学家洛克和莱布尼茨都将人格的基本内涵界定为:在不同的时间中意识到它自己数上的同一性的东西。洛克说:"在我看来,所谓人格就是有思想、有智慧的一种东西,它有理性、能反省,并且能在异时异地认自己是自己,是同一的能思维的东西。"③莱布尼茨虽然侧重于从道德角度谈论人格,但他的界定与洛克给出的人格定义几乎无异,他说:"对自我的意识或知觉证明了一种道德的或人格的同一性。我正是凭这一点来区别禽兽灵魂的不休和人类灵魂的不朽;两者都保持着物理的和实在的同一性,但就人来说,这样是合乎神圣天道的规则的,就是灵魂还保持着道德的,并且对我们自身显现出来的同一性,以便构成同一个人格,并因此能感受赏罚。"④

康德接受了洛克等人对人格的定义,将数的同一性视作人格的本质性规定。说各类东西数的同一性,就是说它们是一个东西,而不是两个。它不同于

---

① 康德. 纯粹理性批判[M]. 邓晓芒,译. 北京:人民出版社,2004:315.
② 同①319.
③ 洛克. 人类理解论(上册)[M]. 关文运,译. 北京:商务印书馆,2015:334.
④ 莱布尼茨. 人类理智新论(上册)[M]. 陈修斋,译. 北京:商务印书馆,1982:242.

质的同一性，就后者而言，只要各个事物之间的内在规定完全相同就表现为质的同一性。例如，将来的你与现在的你在量上是同一的，但他不必和现在的你完全一样，即质上同一。即使宇宙的某个地方存在着和现在的你完全一样的人（质上的同一性），由于你不可能同时出现在两个地方，所以你们也不会具有数的同一性，不会是同一个人。康德与洛克、莱布尼茨一样承认，数的同一性构成了某个东西自身自始至终贯彻下去的根据，它保证了该物的独一无二性，保证了它自身的持续性，也是我们主体具有人格的标志。

关于小前提，当把其中的灵魂这个主语带入大前提这个已知条件后，它是否会带来谬误呢？依照前面我们对统觉原理的分析，由于"'我思'必须能够伴随着我的一切表象"，即纯粹意识的思维必须能够伴随在主体的内心每个时间段出现的经验性意识，所以，主体必然会意识到当下的表象、曾经的表象以及将来可能出现的一切表象都属于我自己。"我思"的自发活动是经验对象具有客观性的重要保证，它必须自始至终是同一个心灵的行动，否则对"我"来说，对象会变得毫无意义。换言之，作为行动的统一性的纯粹统觉意识是我们形成知觉世界中的对象以及该对象的时间意识的必要条件。正是基于这一点，康德才会说："人格的同一性是在我自己的意识中是不可避免地要遇到的。"①仅仅从统觉原理出发，我们便可得出结论：作为主体的我必定会意识到不同时间中我的同一性。

现在问题的关键是，既然大前提、小前提似乎都是正确的，究竟哪里出了问题？如果我们把焦点放在小前提向结论的推导环节就会发现，理性心理学家试图完成这样的过渡：(1) 作为主体的"我"在不同的时间中意识到"我"自己数上的同一性，意味着 (2) "我"作为一个主体在不同的时间中实存。诚然，由于思维的"我"构成了任何存在于"我"的时间中的经验的前提，所以当一个人在不同的时间中反思自己的经验时，似乎能够必然地发觉那记忆、反思的主体就是当下主体。但针对其中的推论逻辑，Longuenesse 深刻地指出，思维的"我"不可避免地导致把"我自己"看作某个实体（entity）的理念，

---

① 康德. 纯粹理性批判[M]. 邓晓芒,译. 北京：人民出版社，2004：319.

这个实体在整个的"我思"的思维中保持着同一性，并且"我"能够通过实践意识到它的同一性。① 也就是说，思维的"我"（"我"在任何时刻都能意识到自同一）能够现实地被一个自同一的思维存在者这样一个"实体"所思维，只是不可避免产生的幻相而已。因此，当我们承认（1），绝不等同于或由此能推导出（2）。理性心理学家在这里试图完成的谬误推理，可以借康德的一句话反驳，"我们自身不能依据我们的意识来判断我们是不是作为灵魂而持存的"②。换言之，仅由单纯的"我"的思维能力，推导不出在思维过程中的"我"就是那个意识到自己数的统一的实体。由此可见，人格性的谬误推理产生的根源并不在于三段论推理中的大前提和小前提自身有误（因为一个来自哲学家普遍接受的定义，一个来源于关于"我思"的原理），而在于理性心理学家在理解"我思"（即康德意义上的统觉原理的本质）时产生了重大的失误。

我们还要进一步追问：为什么从先验的人格不能推导出经验的人格？唯理论利用第三人称的"他人"，试图把"我"作为"他"的外感官对象，这样一来，在他人的时间中，本来的逻辑主词"我"仍是伴随着这个"我"的一切表象的。这似乎可以说明"我"的思维在不同的时间中实存（尽管是在他人的时间中），此时的人格同一性具有了客观持存性。对此，康德批评道："因为，既然这样一来观察者将我置于其中的那个时间并不是我自己的感性中所遇到的那个时间，而是在他的感性中所遇到的时间，所以和我意识必然联结在一起的同一性就并不因此而与他的意识、也就是与对我的主体的外部直观联结在一起。"③ 随着视野的转换，虽然给予了"我"一个客观持存性的条件，但那个在"我"的一切时间意识中的表象的"我"并不能成为那个始终伴随"他"的"我"的内时间意识中的表象形式。以这种第三视角获得的"我"的经验人格性，说到底并不具有主体性的有效性。④ 究其根源，先验统觉的"我思"只是

---

① LONGUENESSE B. Kant on the identity of persons[J]. Proceedings of the Aristotelian Society, 2007, 107: 154.
② 康德. 纯粹理性批判[M]. 邓晓芒, 译. 北京：人民出版社, 2004: 321.
③ 同②320。
④ KITCHER P. Kant's transcendental psychology[M]. New York and Oxford: Oxford University Press, 1990: 197.

一个伴随经验性统觉的"空"的表象,是纯粹的无内容的思维,而理性心理学家却不能认识到这一点,试图给予这个"我"以内部直观。

先验的人格性本身是自足的,也不需要额外地设定实体的同一性,这两者之间并不存在必然的关系。康德以弹性球之间的撞击为例,解释意识的同一性与实体的同一性之间的关系。当一个弹性球撞击一个系列中的另一个球时,随着作用力,前一个球的全部状态也被传递给后一个球。用这个例子类比实体的话,就是说,处于同一个系列的前一个实体可以将自己的状态以及对这状态的意识传递给下一个实体,"因而那最后的实体就会把在它之前变化着的各个实体的所有状态都作为它自己的状态而意识到,因为那些状态连同意识都已被转入了这个实体中,尽管如此,这个实体毕竟不会成为了在这一切状态的同一个人格"。① 实体是表象的状态承载者,当一个实体向同一个系列中的另一个实体传递过程时,这个实体中的状态以及在时间中对"我"的思维的同一性都可能随着实体的传递而发生转变。在这个过程中,伴随一切表象状态的统觉的"我"发生了传递,但无论实体自身是怎样的,都与这种内部状态的变更没有关系。如例子所示,我们可以保持统觉意识的同一性,实体却发生了变换。换言之,统觉意识的同一性并不能保证实体的同一性,反之亦然,实体的持存性与统觉意识的同一性并无实质性的关系。

与前两个谬误推理一样,康德认为,如果我们仅仅将人格性看作统觉命题的表达,即先验的人格性是"统觉"的同义反复,那么我们可以保留"灵魂是人格性"这样的命题。而如果要把结论理解为经验性的人格性,即"我"在不同的时间中实存,那么谬误推理就产生了。这两种情况都不能扩展我们对灵魂的认识。康德提醒我们,人格性的概念与实体性、单纯性的概念一样对实践运用既是充分的也是必要的,它们是道德的预设。人类理性产生关于灵魂先天知识的必然性在于人的道德倾向使然。我们通过对理性的批判可以发现,这些所谓的理念的先天知识并不是真正的客观性知识,它们在道德领域却有着更重要的运用。

---

① 康德. 纯粹理性批判[M]. 邓晓芒,译. 北京:人民出版社,2004:320.

这里产生了一个问题：既然康德说无经验性规定的人格概念对于实践哲学是必要的和充分的，那么他是如何进一步推进这项工作，实现人格概念的内涵从理论哲学向实践哲学的根本性转变的呢？如果说康德在1781年前后主要是从理论理性的角度讨论人格概念，并在那时就先行指出先验的人格概念之于实践哲学的重要性，那么可想而知，他在后来出版的《道德形而上学的奠基》（1785年）、《实践理性批判》（1788年）以及《道德形而上学》（1797年）等一系列著作中必定会加强人格概念道德方面的论述及阐释工作。

众所周知，康德在1787年出版的《纯粹理性批判》（第二版）中对包括人格性的四个谬误推理做了大幅度的删减和修改。康德为什么会那样做？乔治·摩尔（Georg Mohr）的看法是，康德的目的既不是想要得出不同于1781年的结论，也不是如他自己声称的"为了简短起见"，而是要回应《纯粹理性批判》（第一版）与《道德形而上学的奠基》关于主体的两种不一致的论述所遭受的指责，前者认为主体自身只是作为内感官的现象被认识，后者却认为道德的主体是作为一个智性的存在者，作为一个本体而被意识。因此，摩尔指出，与之前不同，康德在第二版的谬误推理中致力于把人格性概念的实践运用与形而上学的运用区分开来。摩尔还提出，对人格性概念运用的划分问题（同自由的演绎和道德法则的演绎一道）是康德在出版《道德形而上学的奠基》仅仅一年之后便出版《实践理性批判》的重要推力。①

说康德的两部著作之间存在着主体论述方面的"不一致"，当是一个比较客观的评价，然而这种"不一致"究竟在多大程度上切中康德重写谬误推理的真实意图显然是值得商榷的。至于把对人格性概念的划分提升到康德从事"三大批判"之道德批判研究的主要动力的地位，既突出了康德对于《纯粹理性批判》第一版已然存在的某些问题做出补偏救弊的努力，也为《纯粹理性批判》第二版的重要性提供了一种可能的解释，但这种看法又不免夸大了人格概念的作用，未切中康德谋划直至建构自己哲学体系所设定的主要问题域。但必须加

---

① 相关论述参见：MOHR G. „Der Begriff der Person bei Kant, Fichte und Hegel"[C]//Person. Paderborn: mentis, 2001: 105-106.

以肯定的是，摩尔的解读，特别是他指出康德在 1787 年强调人格性概念的实践运用①，是理解康德实现人格概念的内涵发生根本性转变的中心环节。在这里首先弄清楚理性的理论运用（即形而上学运用）与实践运用之间的关系，就显得尤为关键。

所谓理性的理论运用，"真正说来涉及的只是纯粹的认识能力……它很容易超出自己的界限而迷失于那些不可达到的对象或者甚至是相互冲突的概念之中"②。"纯粹的认识能力"既指向先天直观形式和先天范畴，构成人类知识形成的先天条件，也指向先验理念，由于理性追求统一的本性，超出经验的界限，迷失在了谬误推理、二律背反等的辩证矛盾中。理性的实践运用涉及的对象不是纯粹的认识能力，而是意志，"在这种运用中理性所关心的是意志的规定根据，这种意志要么是一种产生出与表象相符合的对象的能力，要么毕竟是一种自己规定自己去造成这些对象（不论身体上的能力现在是否充分）、亦即规定自己的原因性的能力"③。在康德看来，理性的实践运用以两种可能的方式使理性获得意志的规定根据。一种是意志按照自己的目通过其行为得以实现。一种是即便意志为自己设定的目标并未实现，但其行为仍是出于自己的自由意志，从而造成了一定的现实后果。无论采取哪一种方式，理性的实践运用从根本上遵循的是道德律的自由意志，不受经验性的局限，即使意志的行为本身要对感官世界起作用。

在《实践理性批判》的序言中，康德明确指出理性的理论运用和实践运用是通过自由的理念得以联结的。④ 关于自由问题，康德认为，如果我们的实存只是受制于时空的先天直观形式，服从于自然律的因果性，世界上就没有先验的自由可言。如果任何行动受自然律的因果性决定，也就谈不上道德上的归责。反过来说，只有设想我们是作为纯粹智性存在者的一员，属于一个理智的

---

① 也可以说康德在《纯粹理性批判》第一版出版后意识到理论的人格概念和实践的人格概念之间的张力，进而在第二版中就强调人格性概念的实践运用。参见：KALLIO L. Der Begriff der Person bei Kant, Hegel und Snellman[J]. Hegel-Jahrbuch, 2017(1)：203-204.
② 康德. 实践理性批判[M]. 邓晓芒，译. 北京：人民出版社，2016：15.
③ 同②.
④ 同②3.

世界，自由和道德才是可能的。因此，在理论哲学层面，康德通过第三个二律背反的解决为自由留出余地。当转入实践哲学后，康德直言自由是"唯一的这种理念，我们先天地知道其可能性，但却看不透它，因为它是我们所知道的道德律的条件，而上帝和不朽的理念并不是"①。自由之所以在道德哲学中的地位优先于上帝和不朽的概念，原因就在于它是道德律的条件，具体说是道德律的"存在理由"，即没有自由，就没有道德律。在康德那里，不朽和上帝的概念虽不如自由一样以"理性的事实"得到证明，"却是在道德上被规定了的意志运用于先天地被给予它的那个客体（至善）之上的诸条件"②。灵魂不朽和上帝存有是以纯粹实践理性的悬设（Postulat）的形式被康德确立下来的。也就是说，唯有设定灵魂不朽和上帝存有，才能让有限的理性存在者依照道德法则行动的目标无限趋向至善。

通过从理性的理论运用到实践运用的转换，康德把自由、不朽和上帝的理念从思辨理性中拯救出来，重新赋予它们在纯粹理性批判体系中的权限和地位。其中自由是整个纯粹理性体现大厦的"拱顶石"，不朽和上帝的概念通过自由获得纯粹理性的主观必要性，也使得自由意志以道德律规定自己实现至善成为可能。作为灵魂不朽的人格谓词在理性的实践运用中之所以是不可或缺的，是因为一个理性存在者要想实现道德上的至善，必须以"同一个有理性的存在者的某种无限持续下去的生存和人格性"为前提。③ 而对自由可能性的论证从根本上为这样的一个人格概念提供了理论上的支撑。于是，先验人格的概念通过理性的实践运用可以"运用于自由和自由的主体身上"④。

综上所述，基于"范畴的先验演绎"中的统觉原理，康德对理性心理学展开了缜密的分析和深刻的批判。我们可以清楚地看到，唯理论的失误就在于，没有真正认清"我"的表象的本性，最终把"我"理解成了经验性的实体，把"我"理解成了具有现实性的单纯性，把"我"理解成了具有持存性的人格性。

---

① 康德. 实践理性批判[M]. 邓晓芒,译. 北京：人民出版社，2016：2.
② 同①.
③ 同①153。
④ 同①309。

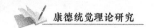

归根结底,把本身无直观的思维形式的"我"理解成了实在性的实体。

第四节 康德先验观念论对理性心理学的超越

康德能在灵魂—主体问题上超越唯理论,很大程度上得益于他的意识论。上文已表明,正是对统觉意识的深入研究让康德认识到,尽管人类产生灵魂先天知识的先验幻相是不可避免的,但只要准确地把握"我思"的本性,我们就能警惕像唯理论那样企图构建灵魂学的做法。实际上,不仅如此,康德的先验观念论还隐含着对统觉意识的功能等方面的阐发,显示出他希冀真正彻底解决灵魂知识问题的尝试。

一、统觉的先验主体无法被认识

统觉的自我意识具有独特的结构特点,我们借助它能够意识到"我"的实存,但这种实存的意识不仅独立于相应实存物属性的意识,而且优先于主体对后者的认识。按照康德的说法,我们通过先验统觉的自我意识仅仅意识到"我"的实存,但为什么我们每一个个体似乎又都拥有关于"我"的知识呢?或者说,对"我"实存的意识如何能够与拥有"我"的知识协调一致?

康德立足于他的先验观念论对上述问题做了回应。《纯粹理性批判》中有两处关于他的观念论的阐释。一处:"但我所理解的对一切现象的先验观念论是这样一种学说概念,依据它我们就把一切现象全部看作单纯的表象,而不是看作自在之物本身,因此时间和空间就只是我们直观的感性形式,却不是看作自在之物本身的客体独自给出的规定或条件。"[①] 另一处:"我们在先验感性论中曾充分地证明了:一切在空间和时间中被直观到的东西,因而一切对我们可能的经验的对象,都无非是现象,即一些单纯的表象,它们正如它们被表象出

---

① 康德. 纯粹理性批判[M]. 邓晓芒,译. 北京:人民出版社,2004:324.

来的那样,作为广延的存在物或变化的序列,在我们思维之外没有任何以自身为根据的实存。"① 从这两处引文可以看出,先验观念论涉及现象和自在之物的区分学说,并特别地涉及时间和空间在先验观念下应如何理解的问题。基于先验观念论,我们所能认识的只是现象,而自在之物是不可知的,因为现象既然是向我们主体显现的对象,那么现象背后必定有一个显现者,这个显现者自身就不能被认识。对于时空,康德强调它们是我们主体固有的主观观念,而不是自在之物本身的属性。我们主体正是通过时空先天观念接受自在之物,并由后者刺激我们感官产生了感性表象,继而由知性的纯粹概念(范畴)去思维这些对象形成客体知识。自在之物则是那些不能借助时空观念提供给主体的东西,但我们可以借助范畴思维它,所以自在之物不能被认识,它必须被断定。自在之物的概念从根本上保证了由时空接受到的感觉材料具有实在性。

按照这种理论,主体知识问题便可以通过对"我"进行现象——自在之物的二分得到解决。在范畴先验演绎中有这么一段话:"但正在思维的这个我如何与直观到自身的我(凭借我至少还能把另外一种直观方式设想为可能的而)区别开来,却又与后者作为同一个主体而是等同的,因而我如何能够说:我,作为理智和思维着的主体,把我自己当作被思维的客体来认识,只要我还被通过这客体在直观中给予了我,不过与其他现象一样,并不如同我在知性面前所是的,而是如同我对自己所显现的那样……"② 其一,康德明确将"我"区分为客体的"我"与思维的"我",即经验自我与先验自我。康德在这里明确将思维的"我"与作为客体被认识的"我"相区分,但同时又将他们视为同一个"我"。③ 思维的"我"就是先验主体 X,一般也被学术界称为先验自我,而被思维的客体就是经验自我。从统觉与主体实存、主体知识之间发生的逻辑关系来看,我们通过先验统觉可以意识到"我在"(即"我"的实存),但没有任何

---

① 康德.纯粹理性批判[M].邓晓芒,译.北京:人民出版社,2004:404.
② 同①103.
③ 从根本上说,"我"可以体现为现象和本体的两面。当"我"面向现象时就表现为统摄现象的认识主体,而面向本体时就表现为因果性的本体主体。康德之所以将"我"确立为思维的自发性,原因实际上就在于这种能动性特征能够保证作为先验主体的"我"在现象世界能够产生认识,又能够作为超验自我在本体世界自由地活动。参见:曾晓平.自由的危机与拯救:康德自由理论研究[D].武汉:武汉大学,1995:30-31.

关于"我在"的知识,然而一旦先验统觉开始规定"我"的实存,就意味着它开始把"我"当作一个对象试图去认识,继而使得"我"可以借助经验性统觉去规定"我"的实存。结果是,"我"不仅能够经验性地意识到这种实存,还将这种实存以一种确定的方式——心灵状态的主体呈现给"我自己",形成"我对自身所显现的那样"的知识。因此,对"我"的实存的规定才意味着我们能获得关于自己具体的确定的知识,这种情形下的经验自我是一个被规定了的实存,处于时间中,是受因果作用的。这样一种自我是由一个人的所有的表象状态构成的,包括感情、行动等。① 先验自我只是一般表象的形式②,是认识的主体,我们对此没有任何的规定。其二,经验自我与先验主体仍然是"同一个主体"。这里涉及我们对康德先验观念论的进一步理解。如果我们将现象——自在之物的区分理解成现象、本体是两种不同种类的对象,分属不同的世界,就可能会误解康德的本意。在这里,我们应该用"一个世界""双重视角"的理论去解释,即,虽然现象是知识的对象,自在之物是独立于我们知识并实存的对象,但这两种对象仍是同一个东西。就是说,我们可以从两种不同的视角去看待同一个物。当我们用现象的眼光看它时,它就是时空中的对象,当我们转而从本体的视角看待它时,它就是缺少时空形式而存在的对象。只有这样的解读才能合理地解释康德为什么将两个不同名称的"我"又归于同一个主体。

这里值得注意的是,在先验自我与本体自我之间的关系上,Allison认为康德持有两种不同的立场:"正式的"和"最深邃的"。所谓正式的立场是指除先验谬误推理外,康德在其他地方的确是将先验自我视为本体自我;所谓最深邃的立场是指在谬误推理中,康德取消了先验自我是本体自我的说法。在Allison看来,康德的依据是,内感官蕴含着两种不同的含义。当内感官表示我们对心灵自身的意识时,先验自我就是内感官的先验对象;当内感官表示我们对心灵的内容意识时,先验自我则成为对思维行动的意识。与此相应,在前一种情况中,先验自我是作为特别的对象来看待的,在后一种情况中,先验自我仅仅作

---

① BROOK A. Kant and the mind[M]. New York:Cambridge University Press,1994:91.
② 康德. 纯粹理性批判[M]. 邓晓芒,译. 北京:人民出版社,2004:291.

为行动性的意识。Allison 通过进一步的分析认为，如果康德将先验自我等同于本体自我，那么其中必然隐藏着不可调和的矛盾，因为即使康德已经假设先验自我想要借助智性直观去直观自己以达到认识先验自我的目的，这个"我"自身仍然必须达到以下的统一：先验自我为了去认识，自身是直观的理智；先验自我为了被认识，自身是推理的理智。这两种"我"要在同一个主体身上实现统一显然是矛盾的。由此可见，对理性心理学的批判促使康德放弃将先验自我等同于本体自我的观点。①

在我看来，Allison 的解读存在两个问题。其一，他忽略了一个事实：无论是 A 版谬误推理还是 B 版谬误推理，都表明先验自我就是本体自我。康德在 A 版"对纯粹心理学的第一个谬误推理的批判"中针对先验自我时说："除了我的这种逻辑含义之外，我们对于这个自在的主体本身，对于这个作为基底而为我，以及为一切思想提供根据的东西，并没有任何所知。"② 显然，"自在的主体本身""不可知"都表明先验自我就是本体自我。康德在 B 版谬误推理中说："如果有可能在先天证明：一切思维的存在者都自在地是单纯的实体，因而（这是从同一个论据得出的结果）作为这种实体都不可分割地具有人格性，且意识到自己与一切物质相分离的实存，那么，这将是反对我们的全部批判的最大的、乃至于惟一的绊脚石……因为'每一个能思的存在者本身都是单纯的实体'这个命题是一个先天综合命题，这首先是由于它超出了为它奠定基础的概念，在一般思维之上加上了存有的方式，其次是由于它在那个概念上添加了一个谓词（单纯性），这个谓词是根本不能在经验中给予出来的。"③ 这个命题背后一个必然的前提条件就是：思维的存在者是自在之物。换言之，先验自我是本体。

其二，Allison 认为，如果先验自我等同于本体自我，那么这将与"纯粹理性的谬误推理"一章的批判意图相冲突。然而事实并非如此。首先，将先验自

---

① ALLISON H E. Kant's transcendental idealism: an interpretation and defense[M]. New Haven and London: Yale University Press, 2004: 272-93.
② 康德. 纯粹理性批判[M]. 邓晓芒, 译. 北京: 人民出版社, 2004: 311-312.
③ 同②294-295。

我等同于本体自我，并不意味着先验自我在本体论上是实体，而后者才是康德意图批判的观点，因此承认先验自我的本体论地位并不存在 Allison 所说的不一致。康德在谬误推理中否定的只是，即使未图型化的实体范畴也不能逾越批判哲学所设定的界限而运用于本体自我，他并没有否认先验自我的本体论地位。也就是说，康德并没有排除这样一种可能性：先验自我尽管是本体自我，但在本体论意义上不是实体："当我们说先验自我自在实存时，仅仅指的是他必须独立于其被表象的存在而实存，同时就本体论而言，他并不一定是以实体的方式而存在。"① 因此，尽管康德在谬误推理中肯定先验自我的本体论地位，但不影响他对传统形而上学的批判。其次，先验自我的本体论地位在康德哲学体系中体现在道德哲学领域，这个观点的表达恰恰隐含在"纯粹理性的谬误推理"这一章。康德通过先验辩证论不仅要揭示思辨哲学家和自然神学家误用理性理念导致的三个虚假的先天科学——理性宇宙论、理性心理学、思辨神学，而且要提醒我们人类思维对理性理念正确的运用领域是道德哲学。具体到谬误推理，康德虽然否定了在理论哲学中论证人类灵魂的不朽，但他肯定了一个有效的关于灵魂不朽的论证可以在道德领域得到分析："然而与此同时，通过这种做法，对于按照那些与思辨的理性运用结合着的实践的理性运用的原理来设想来世的权限，甚至必要性来说，却没有丝毫损失；因为那种单纯思辨的证明本来对于普遍的人类理性就永远也不可能发生什么影响。"② 这也说明，将谬误推理的主题——"我思"中的"我"（先验自我）等同于本体自我对道德哲学来说是多么重要。

二、康德批判主体先天知识的理论后果

就康德批判理性心理学的直接后果来说，"灵魂是实体""灵魂是单纯的""灵魂是人格性"等命题只能限于康德统觉原理的应有之义，其本身并不具有经验的实在性。康德认为这些命题仍然可以有条件地加以保留，条件就是在

---

① CLEVE J V. Problems from Kant[M]. New York and Oxford: Oxford University Press, 1999: 184.
② 康德. 纯粹理性批判[M]. 邓晓芒, 译. 北京: 人民出版社, 2004: 304.

"理念"中不在"实在性"中用灵魂去表示实体。按照康德的看法,虽然缺少实在性的"实体性""单纯性""人格性"对理论哲学几乎没有任何意义,但它们对实践哲学意义重大。确实,在理论哲学中,康德一定程度上还是承认、保留了这些命题,但他的目的绝不是为了再建立诸如"我是实体"的命题,哪怕将实体理解为空的、形式的。① 他主要是澄清为什么我们必须要以"实体性""单纯性""人格性"的方式看待自己,并且必然产生"灵魂是实体"等幻相。正是从这个意义上说,康德对理性心理学的批判起到了一种消极意义上的限制作用。

而在康德哲学体系中,可以看到,康德在理论哲学中以统觉原理为自然界立法,容不得自由的存在;而自由正是打破自然界的必然性规律,是保证人的尊严和人格的核心概念。为了使统觉原理和自由意志的法则不相冲突,康德在对现象与和自在之物进行本体论区分的同时,将人的理性划分为理论理性和实践理性。其中理论理性针对现象界,由先验统觉的意识保障知识的客观性;实践理性针对自在之物,由自由意志的自律保障道德的合法性。既然康德哲学研究的出发点是解决人的自由问题,同时其哲学中的实践理性的地位又优于理论理性,那么就自然法则和自由意志两者的关系而论,虽然两者分属于不同的领域,是分裂的,但从根本上说前者必然导向后者。

自由直接构成"理性何以成为实践"的逻辑前提,也是实践理性的一个直接现实。因此,肯定自由的观念是康德在理论哲学中的必然选择。在思辨领域,自由问题首先以"纯粹理性的二律背反"形式出现,康德第三个二律背反的最终解决仍基于自己的先验观念论立场,他试图达成这样的观点:我们可以设想自由的存在,它在理论逻辑上至少是可能的;或者说,基于一定的前提,自由和自然必然性之间是可以兼容的,至少不相排斥。这样一来,康德就保持住了先验自由的理念,为论证自由的实践哲学做了必要的先行准备,可以为之建立起一个德道形而上学的体系。到了《道德形而上学的奠基》,康德对自由的理念做了实质性的推进工作,把实践的自由看作意志固有的属性,看成是为

---

① BENNETT J. Kant's dialectic [M]. Cambridge: Cambridge University Press, 1974: 72.

了道德及其原则而建立的。唯有以自由意志为基础，才能把人的行为准则立于普遍性之上，真正的自由只能是自由意志。自由意志是以纯粹理性的实践运用为基础的，是纯粹的和永恒的，它不受任何感性欲求的影响并一贯地使用理性。纯粹实践理性的规律就是自由的客观规律，即道德律。

  康德后来在《判断力批判》中指出，自然领域是无法对自由领域施加影响的，但"后者应该对前者有某种影响，也就是自由概念应当使通过它的规律所提出的目的在感性世界中成为现实。因而自然界也必须能够这样被设想，即它的形式的合规律性至少会与依照自由规律可在它里面实现的那些目的的可能性相协调"。① 自由对自然的影响正是通过知性与理性之间的中间环节——反思判断力而成为可能的。因为反思判断力依据其先天的立法能力，能够"造成从纯粹认识能力即从自然概念的领地向自由概念的领地的过渡"。② 自然和自由的对立最终不是以双方合为一体的方式得以消除的，而是以自然通向自由的一个过渡——反思判断力来沟通两端的。所以说，反思判断力是康德统觉思想向人的自由过渡的中介。康德在《判断力批判》中之所以用反思性的判断力去沟通理论理性—统觉原理与实践理性—自由意志法则所支配的两大领域，根据正在于它将自然合目的性作为先验原则，即自然界是一个符合某种目的的系统的有机组织。一是依据审美判断力。当一个对象使人产生愉快的情感时，其实是其形式与我们人的自由活动协调一致的结果，与任何客体概念都无关，这个对象与主体的关系被康德称为主观合目的性。二是依据目的论判断力。在康德看来，目的论判断力是我们的理性去评判一个自然对象及和自我形成的关系时，超越了知性的界线而认识到的特有的对象特性。如此，与主观合目的性不同，自然合目的性实质上不是主观的形式，而是事物就其本性的规定是合目的的。当然，我们还要看到，在康德那里，真正意义上的自由和自然的统一——至善只在彼岸世界有望实现。上帝、信仰、神恩等概念都是为了从根本上把人引向道德自由，使人的自由不仅在自然领域有其存在的位置，而且能够和自然最终统

---

  ① 康德.判断力批判[M].邓晓芒，译.北京：人民出版社，2007：10.
  ② 同①13。

一协调起来。

康德对理性心理学的批判在哲学上究竟意义又如何呢？充分肯定康德的贡献是毋庸置疑的，但也不能忽视康德哲学的局限性。

首先，康德强化了统觉的"我思"在哲学上的地位，把认识主体从心理学层面真正地提升至哲学层面，但康德同时将先验幻相归于先验辩证论，这意味着他以逃避的方式掩盖了理性中的矛盾。从笛卡尔开始，"我思"就成为哲学的中心概念，但康德之前的哲学家往往都是将它视为一个心理学的问题进行研究。康德深刻揭示出"我思"——统觉的实质，指出它不是伴随我们内心的经验性活动，而是构成这些活动乃至外物的前提，是先验的、纯粹的综合活动。康德还揭示出由于人的理性本性，我们必然如理性心理学那样陷入一种不可消解的关于主体先天知识的先验幻相。辩证法在康德那里也就成了一个具有消极意义的概念，因为康德认为，我们要做的工作只能是通过对理性的批判看清先验幻相产生的缘由。黑格尔后来将康德理性辩证论改造成具有积极意义的辩证法，他用辩证的现象和本质概念取代了康德现象和自在之物的单纯对立的一组范畴，并且说明了我们可以透过现象看本质。在此意义上，黑格尔真正解决了康德未能解决的理性冲突问题。

其次，康德对主体（灵魂）的深入阐释为人们的进一步思考提供了广阔的空间，但他是以分裂的方式将两种完全不同的"我"统一于一体，进而把真正的"我"从理论领域转至实践领域，根本的问题仍然悬而未决。自然和自由的关系问题无疑是康德整个哲学体系的中心问题。当康德在思辨领域将服从因果律的现象界的"我"与服从于本体界的"我"画上等号时，就意味着他解决矛盾的方式仅仅是把矛盾双方分割开来，将自然和自由分别置于思辨语境和实践语境。然而，根本的问题并没有得到真正解决，特别是在思辨理性的自在之物的语境下，自由因果性与被不正当地使用的自然因果性之间只能处于二律背反的冲突中。① 在思辨哲学的语境中，康德显然无法走出困境，于是只能转向实

---

① 俞吾金. 康德两种因果性概念探析[J]. 中国社会科学，2007(6)：35.

践哲学，探寻哪一种自我实际地符合"我在"。① 黑格尔超越康德的地方就在于，黑格尔后来用辩证法将自由与自然因果性结合起来，为康德自由概念注入了历史理性。当然，严格说来，黑格尔并没有真正地赋予自由以实在性，未从根本上解决人的自由问题，但他的尝试给后人提供了一条新的解决路径。

最后，康德驳斥理性心理学的本体论形而上学，自己却搭建起另外一种自在之物的本体论，这引起了康德同时代以及后来的哲学家们的批判和反思。历史的吊诡之处莫过于，在思辨哲学中，康德力图批判理性心理学的本体论，他自己却建立起一种有别于研究思维机能和规定的认识论的本体论学说。如果说理性心理学灵魂学说只是本体论在西方近代初期的哲学中因为必须要解决实体问题而不得不占据主导地位，依附其上的针对认识论的研究自然是为他们的本体论扫清障碍，那么，康德哲学的特别之处就是，它让现象与本体呈现截然对峙的状态，也就使本体论与认识论演变成分庭抗礼的两套学说。康德自在之物的本体论影响深远，从他开始的德国古典哲学试图把认识论、本体论和逻辑学统一起来，这最终在黑格尔哲学那里得以实现。

小　结

康德肯定了理性心理学家将"我思"作为扩展主体知识的理论根据。这其实也为他基于自己的统觉理论批判先验谬误推理埋下了伏笔，因为在范畴先验演绎中，康德先行建立起统觉原理。

从康德批判"实体性""单纯性""人格性"这三个谬误推理来看，对康德意义上统觉原理的误读从根本上导致了先验幻相的产生。关于"实体性"：理性心理学家试图建立起主体的持存性特征，而实际上他们至多建立起灵魂是不带有持存性的实体，他们把持久不变的作为逻辑主词的"我"理解成了关于

---

① CARR D. The paradox of subjectivity: the self in the transcendental tradition[M]. New York and Oxford: Oxford University Press, 1999: 62.

"我"的持久的感性直观。关于"单纯性":理性心理学家试图建立起灵魂的不朽性,实际上他们只是建立起了缺少不朽性特征的单纯性,他们对统觉的"我"又一次产生了误读,他们混淆了逻辑上的主体之"我"的单一性与现实的单纯性。关于"人格性":理性心理学家试图建立起灵魂的人格性,实际上他们也只是建立起了灵魂的无人格性的同一性,他们误以为我们主体在不同的时间中能够意识到自己号数上的同一性就意味着我们在不同的时间中实存。分析表明,每一个谬误推理的大前提都是对主体的先验谓词的定义本身,而小前提则是康德统觉原理的应有之义。先验幻相产生的根源就是理性心理学家误解了统觉的"我"。这也表明,正确地看清先验谬误推理的问题所在,能对主体知识的扩展起到有效的限制作用,因为统觉原理使我们看到,我们主体仅通过"我思"的统觉概念绝不能获悉关于主体的任何先天知识。

同时我们要看到,康德在《判断力批判》中试图用人的文化、反思判断力去沟通理论理性—统觉原理和实践理性—自由法则,这在一定程度上确实实现了自然和自由的统一,但绝不是彻底意义上的统一。真正意义上的自由和自然的统一——至善只在彼岸世界有望实现。这种希望还必须假定人作为有理性存在物的实存和人格性无止境地绵延,即灵魂不朽,同时还必须假定有一个异于自然并包含使自由的形式与其自然的内容最终精确和谐起来的根据,即假定上帝存在,以此来保证自由和自然的彻底的统一。因此,上帝、信仰、神恩等概念都是为了从根本上把人引向道德自由,使人的自由不仅在自然领域有其存在的位置,而且能够和自然最终统一协调起来。

第五章

康德统觉理论的历史命运

康德立足于统觉理论对早期现代哲学所提出的主客体同一性问题做出了自己的回答。一方面，主体之所以符合客体，原因就在于客体是我们主体自己建立的对象，主体就是基于先天的统觉综合机能自发地运用范畴去统摄感觉杂多而形成的关于现象的知识。另一方面，统觉的综合能力不能通达现象之外的本体领域，理性派哲学家认为我们拥有关于主体的先天知识，实质上是对统觉的误读导致的，自在之物对应的本体界应属于不具有认识论意义的道德实践领域。然而，这样一种理论也面临着一些难以解决的问题，例如：统觉作用的现象界和不可知的本体界之间的对立问题；先验自我与经验自我之间的对立问题；等等。从费希特开始的德国古典哲学家为了解决这些问题，从主体性出发将思维自身的逻辑规律展现得淋漓尽致，现代的一些哲学家特别是现象学家在建构自己的哲学体系时也受到了康德统觉理论的启发。

第一节

德国古典哲学对康德统觉理论的批判和发展

康德的统觉理论直接影响了他后来的德国古典哲学家。康德的先验统觉即先验自我意识既不是笛卡尔的那种简单的理性的怀疑，也不是休谟的那种联结外部经验对象的心理作用，而是确定的经验知识的原则。从康德开始，德国古典哲学便沿着自我意识这样一种思想规定传递和发展。费希特试图用更加具有能动性的自我去"吞没"康德的自在之物。谢林则在费希特的基础上将自我意识的主观性发展为客观性，把康德主观的先验统觉引入客观实在的自然领域。而黑格尔更是把人类中的自我意识过渡到客观的绝对精神之中，主张整个自然

一、费希特对先验统觉的绝对原则化

费希特对待康德统觉的态度是明确的,就是要把它贯彻为唯一的一条产生知识的原则。费希特说:"我们的作为一切知识的绝对原理的命题,康德已在他的范畴演绎中提示过了;不过,他从没把它建立为基本原理。"① "康德已在他的范畴演绎中提示过了"的命题即为统觉原理。费希特并未否定康德所揭示的我们关于任何经验知识的获得都是由主体的统觉功能综合统一所建构起来的,他批评康德"没把它建立为基本原理"。在费希特看来,康德哲学的问题出在:除了把自我意识的统一作为现象世界的经验知识的源泉外,也把独立于这个意识之外的自在之物看作经验知识的源泉。正是在这个意义上,费希特称康德的哲学为"半批判论",试图发展出唯一地从"自我意识的先验统一"出发构建知识学的完成了的批判论。②

费希特否认主体的综合统一性功能依赖于外部世界提供的经验材料,主张自我自身就是创造着综合活动的经验素材。这种立场从根本上取消了康德的自在之物,因为在康德那里先验统觉必须借助经验性直观才能建构起对象知识,而经验性直观又是由自在之物的刺激产生的。费希特试图在康德的哲学基础上用自我去完成主客体的同一,并且将整个世界及其知识唯一地从自我中推演出来。他说:"我们必须找出人类一切知识的绝对第一的、无条件的原理。如果它真是绝对第一的原理,它就是不可证明的,或者说是不可规定的。"③

在费希特看来,知识学体系的一个最牢靠的基础就是"事实行动"(Tathandlung)。Tathandlung是费希特发明的德文词。从词的构成来看,它是由T(h)at(事实)和Handlung(行动)这两个词构成的,只不过后者的行动意谓更强。本原的事实行动就构成了一切意识的基础,使意识成为可能。④

---

① 费希特. 全部知识学的基础[M]. 王玖兴,译. 北京:商务印书馆,2007:15.
② 转引自:杨祖陶. 德国古典哲学逻辑进程[M]. 武汉:武汉大学出版社,2006:144.
③ 同①6.
④ 同①6.

事实行动代表的是纯粹的一般意识，它规定着一切的其他意识，自身不受规定，因而，费希特认为，这行动就是自我设定自己、规定自我的纯粹的意识活动。

"自我设定自己"是事实行动的第一个阶段，也是费希特知识学的第一原理，它是绝对无条件、不证自明的。这条原理相当于形式逻辑的"A = A"（同一律），不论 A 是什么，A 与 A 之间的逻辑关系基于同一律都是自统一的。而"A = A"正是由自我本身设定的，逻辑关系的自统一其实就是自我的统一。"A = A"实质上就等同于"我是我"。自我设定自己并不依赖于任何其他东西，只是以自己为根据进行的一种直接设定，只要存在着自我就存在着这种自我设定，也正因为自我能够设定自己才会存在着自我。因此，自我既是行动者，也是行动的产物。① 自我先于一切存在者，是最原始的无意识的意识。不难发现，这种纯粹自我只是形式上的确定性，不具备任何实在的内容。为了克服纯粹自我的形式化，费希特继而提出"非我"的概念。知识学的第二原理便是"自我设定非我"，这是事实行动的第二个阶段。这个原理就等同于"－A 不 = A"的表达式。第二原理中进行设定的自我与第一原理中的自我实是同一个"我"，只不过这里的设定方式是自我的对设，"而这种对设，就其单纯形式来说，是一种全然可能的、不须任何条件为前提的、不以任何更高的根据为基础的行动"②。第二原理在形式上是无条件的，但在内容上是有条件的，因为我们要想知道非我是什么，必须先知道自我是什么。一旦非我进入自我的意识，自我内部就逐渐分化，相互之间产生差别，此时自我就能够获得内容，与纯形式的自我区别开来。费希特把自我与非我统一起来："自我在自我之中对设一个可分割的非我与可分割的自我相对立。"③ 为了意识的同一性，费希特引出了第三个行动，对之前设定起来的自我、非我加以限制，使两者不相互取消、扬弃。也就是说，为了使自我、非我统一在绝对的自我中，而又不破坏意识的统一性，费希特只能对自我和非我加以分割。

---

① 费希特. 全部知识学的基础[M]. 王玖兴, 译. 北京：商务印书馆, 2007：11.
② 同①19.
③ 同①27.

费希特的上述三条知识学原理立足于形式逻辑，这跟康德的知性范畴是由形式逻辑推导出来的倒很相似。费希特认为他的三条原理恰好对应康德的"质的范畴"中的"实在性""否定性""限制性"。这意味着，康德从形式逻辑推导得出的范畴在费希特看来就是从自我这个绝对的原则演化而来的。费希特不再把"我"看成如康德的先验统觉那样作为一种仅能在现象范围内建构经验的活动。他的自我"吞没"了自在之物，成了唯一的独立性存在，并且这种存在就是康德意义上的先验统觉的能动活动本身。由此可见，费希特对康德先验统觉概念的改造体现在将客体（包括康德的实践理性所对应的人类历史的客观世界）完全归于"我"的活动过程中，将自我的能动性原则贯彻得更加彻底。

二、谢林对先验统觉的本体化

无论是康德的统觉理论还是费希特的自我学说，都只是探讨主体内部的先天认知结构，德国古典哲学发展到谢林这里则改变了这种进展方向，谢林将主观的统觉原理转向主客体的"绝对同一"。这一转向从某种意义上说是必然的，因为谢林要克服费希特的自我学说所陷入的唯我论困境：非我毕竟只是自我在主体内部设定的对立物，这个非我又谈何超越绝对的自我呢？

因此，谢林既没有将他的哲学知识建立在康德的统觉原理之上，也没有建立在费希特的自我之上，而是诉诸主客体间的"绝对同一"："这种更高的东西本身既不能是主体，也不能是客体，更不能同时是这两者，而只能是绝对的同一性。"[1] 谢林主张哲学知识应包含自然哲学与先验哲学。在谢林看来，自然哲学应从客观性出发，因为自然哲学要解决的问题是主体如何获得客观知识的途径；先验哲学则应从主观性出发，探究主体怎样达到意识才能使知识具有客观性。这两者体现为主体和客体的双向决定关系：在自然科学方面，客体决定着主体，主体的观念符合客观对象，而在先验哲学方面，主体则能动地决定客体，使客体符合于主体。绝对同一就是这两者的共同根据。因此，这个绝对同一必须是主客体原始的、绝对无差别的状态。谢林认为，我们应该用这种原始

---

[1] 谢林. 先验唯心论体系[M]. 梁志学，石泉，译. 北京：商务印书馆，2006：250.

的同一去解释主体能动性的来源以及建立主客体同一性的能动过程。实际上，谢林所认为的绝对实在的东西存在于本身既是原因又是结果的一个绝对之中，即存在于主客体的绝对同一性之中，这样的同一性便是自然。而自然中等级最高的同一性是自我意识。

绝对同一既然先于人的意识，那么它如何能被人类有限的自我意识把握呢？针对这个问题，谢林诉诸理智直观。由于同一哲学包含着自然哲学与先验哲学，与这样的划分相一致，也就存在着两种自我，一种是原始的无差别的同一自我，其本质就是自同一，它跟康德的先验统觉或先验自我意识相似，构成知识的必要条件；另一种是把自身构建为知识的对象，同时又直观到这种建构活动自身的自我。谢林的自我理论在某种意义上与康德是接近的，他们都把知识视为自我在意识中建构自身的过程。谢林自我理论的特别之处在于，虽然自我作为知识的对象，但我们对自我的知识还需要通过自我的意识建立，因此自我意识在谢林那里实际上就成了唯一的直观活动。[①] 在谢林那里，自我直观自身的同时，直接创造对象的自我自身，所以自我意识的活动是"理智直观"："这种知识活动的对象不是独立于这种知识存在着，因此，这种知识活动是一种同时创造着自己对象的知识活动……这样一种直观和感性直观相反，叫做理智直观。"[②] 与康德不同的是，谢林认为，自我意识既是一种将自身对象化的意识，又是一种直观这种对象化活动的过程本身。

谢林诉诸理智直观这种带有神秘意义的直观方式解释人类对自然的原始同一的把握。用这种直观去构建自我，也就等于把康德的先验统觉这种本是人类有限的自我意识本体化为自然，即把自我演化成本体的自然，继而使得自我和自然成为绝对同一的"一体两面"。主体和客体最终在绝对同一那达到了统一。

三、黑格尔对先验统觉的本体化与逻辑化

黑格尔对康德统觉的批判比较直接且具体，主要集中在两处。一处出现在

[①] 谢林. 先验唯心论体系[M]. 梁志学, 石泉, 译. 北京: 商务印书馆, 2006: 33.
[②] 同[①].

《精神现象学》中,另一处出现在《哲学史讲演录》中。在《精神现象学》中,黑格尔认为康德的观念论只会产生"空虚的主观唯心主义的知识"①。在黑格尔看来,康德既把"统觉的统一"看作"知识的真理性",又试图依赖于这种理性,"达取那个对它来说是本质的,即自在的,但又非它自身所具有的他物",这就会导致一个直接的后果:理性"就被它自身摒斥为一种不是真实知识的知识了"。② 这就是说,当康德将统觉的统一与事物(无论是自在之物还是受自在之物刺激所产生的感性的东西)都肯定为本质时,他就陷入了自相矛盾中,而这种矛盾实质上源于作为理性的"统觉的统一"实在性与"物体"的实在性之间的对立。③ 黑格尔在这里的批判实质上与费希特一样,是指责康德批判哲学的不彻底性。在《哲学史讲演录》中,黑格尔对康德的统觉原理进行了具体的批评。黑格尔称统觉为"自我意识的统觉":"思想具有给杂多的材料带来统一的形式。这种统一就是'我',自我意识的统觉。"④ 他接着批评康德:"'我'应当'伴随着'我的一切概念。这是一个笨拙的说法。我是自我意识即空洞的、抽象的自我,这就是统觉,统觉是一般的规定。知觉大半指感觉、表象而言;统觉则大半指一种活动能力,通过它可以把某种东西摄进我的意识里。"⑤ 黑格尔在这里指责康德对统觉原理的表述是"笨拙"的,因为杂多的统一性正是通过统觉统一性的活动自身建立起来的。在黑格尔看来,康德既把"我"看成"一般规定"的统觉,又把"我"看成"活动能力"的统觉,这导致了康德在表述统觉的先验统一性原理时没有严格区分这两种"我",即作为形式的统觉表象和作为自发性活动的统觉表象。黑格尔对此说道:"不过,关于我是一,关于我作为思维者是能动的,是建立统一性的等等,在康德那里却没有加以确切的分析。"⑥

---

① 黑格尔. 精神现象学(上)[M]. 贺麟,王玖兴,译. 上海:人民出版社,2013:220.
② 同①221。
③ 同①222。
④ 引文中的"统觉"在《哲学史讲演录》中原被翻译为"摄觉"。为了术语的统一,本书将《哲学史讲演录》中出现的"摄觉"全部替换为"统觉"。参见:黑格尔. 哲学史讲演录(第四卷)[M]. 贺麟,王太庆,等译. 上海:上海人民出版社,2013:272.
⑤ 黑格尔. 哲学史讲演录(第四卷)[M]. 贺麟,王太庆,等译. 上海:上海人民出版社,2013:272.
⑥ 同⑤。

从黑格尔批判康德的意图来看，他指责康德以下两点：一是康德不应把自我意识封闭在主体现象之内，而把自在之物设立在与其相对立的彼岸世界；二是在现象范围内构建的知识注定是孤立的、静止的。黑格尔认为，真正的自我意识不仅要具有综合杂多材料的能动性，还要能超越主体的经验范围去追求绝对精神。所以，与康德、费希特将先验统觉、自我认作主体性的观念不同，黑格尔与谢林一样诉诸客体性的理念。但需要注意的是，黑格尔拒绝谢林的神秘主义，认为我们应对绝对同一及其发展过程进行概念的把握，把它当作在理性的思维逻辑进程中必然能够遇见的东西来看待。

自我意识在黑格尔那里是意识的逻辑进程的自然产物。在感性确定性、知觉以及知性诸阶段，意识的一个根本特点就是向外寻求认识的对象，并试图将流动不居的外部现象确定、保持在自身内，此时真理也就被视作认识与外在对象的符合。但当意识真正开始认识对象时，就会察觉到它所追求的确定性始终被扬弃。这种扬弃表现在：知觉概念对感性的扬弃，知性规律对知觉概念的扬弃。意识正是在追寻真理的过程中不断地扬弃了感性、知觉、知性的确定性。随着对这些确定性的扬弃，意识开始能够领会规律的无限性，意识就变成了自我意识。因为能够意识到自身的区别，又将这种区别消解在自身的无限性中的意识，只能是自我意识。意识向自我意识的转变，实质上也是对真理观念的推进，真理由外在的符合变成内在的符合，自我意识真正为真理的实现提供了可能性依据。

通达真理的自我意识还需要获得欲望与生命，成为自我实现中的意识。自我意识的无限性本身就意味着自我意识拥有否定他物并将其纳入自身的欲望。自我意识在欲望的运动推动下也成为自己否定的对象——生命。自我意识使自我表现为生命，也使得万物表现为普遍的生命。自我意识由于欲望的运动必定是否定对象实存的，然而，如果它要表现出它的绝对自为性，就不能停留在否定对象、依赖对象的阶段，必须使对象"自己否定他自己"①。也就是说，自我意识必须是自在地进行着的自我否定。自我意识把自己分裂为对象，并且从对

---

① 黑格尔. 精神现象学（上）[M]. 贺麟，王玖兴，译. 上海：上海人民出版社，2013：121.

对象的扬弃中返回自身。当另外一个自我意识作为意识本身的对象时,意识才在真正意义上从对象身上看到了自己,即自我意识的对象就是自我意识本身,对此,黑格尔说:"自我意识只有在另一个别的自我意识里才获得它的满足。"①这表明,在黑格尔那里,真正的自我意识就是类意识,也只有达到了类意识,自我意识在对象中寻求的确定性才能与真理真正达成统一。精神就是类意识中作为自我意识的统一性的绝对的实体。正如黑格尔所说:"我就是我们,而我们就是我。"②

黑格尔最终通过意识自否定的辩证法将康德哲学中本来作为自在之物的统觉主体提升为独立的主体,同时又说明了这样的主体就是客观实体。如果说,我们从康德、费希特和谢林那里已经隐约看到自我意识的否定特征的话,那么黑格尔与他们把否定仅局限于自我意识(自在之物、实体)的一种属性的做法不同,他将否定直接认定为自我意识自身。③ 在黑格尔那里,主体是能动的灵魂,是推动万物不断超越自身的力量,但它又是合理、合逻辑的,主体形成的客体也不是静止的,而是生生不息的。

现象学对康德统觉理论的重要改造

康德的统觉理论对现代哲学产生了一定的影响,其中受影响较大的是现象学。在黑格尔之后,历经了半个多世纪的非理性主义哲学,胡塞尔开始重新寻找一条通往"绝对理念"的理性之路,探索"绝对的"、内在的、意识的先验结构。胡塞尔的先验现象学试图通过对康德先验哲学的方法论的批判,实现现象学还原,对先验统觉"先验化"。而梅洛-庞蒂所创的知觉现象学则直接受到胡塞尔后期思想的影响,继而对康德的统觉概念进行了实质性的改造。

---

① 黑格尔. 精神现象学(上)[M]. 贺麟,王玖兴,译. 上海:上海人民出版社,2013:121.
② 同①.
③ 邓晓芒. 思辨的张力[M]. 北京:商务印书馆,2014:243.

一、胡塞尔对先验统觉的彻底先验化

胡塞尔对康德统觉理论的批判基于他对康德批判哲学方法论的改造。胡塞尔认为"康德所有先验的概念,先验统觉的自我概念,各种先验的权能的概念,'自在之物'的概念(它构成躯体和心灵的基础),都是建构性的概念,这些概念原则上是抗拒最后阐明的"。① 胡塞尔对先验统觉的一个关键的评价是"建构性的概念"。这一评价实则源于胡塞尔的一个观点,即康德的先验哲学所采用的就是"回溯—建构"的方法。从胡塞尔所创立的现象学来看,他本人其实并不反对"回溯至一切客观性最终根据"的方法,并且还积极地将其用于自己的现象学,他反对的是康德的"缺少直观显示方法"的"回溯—建构"。②胡塞尔认为康德在其哲学上使用的回溯法使他陷入一种虚构的学说的境地。③

胡塞尔所主张的带有直观显示方法的回溯法与康德之所以不同在于两人对"直观"理解的不同。胡塞尔理解的"直观"并不是康德意义上的感性直观抑或单纯的个人经验,而是对象就"自身在此"的样式获得被给予的一切意识。胡塞尔现象学的直观是指一切自身给予性的意识。这种直观绝不是康德意义上的经验性直观,而是对范畴本身或一般对象的直观认识,是直击本质及其规则的直观。对直观的不同理解和对直观内涵的改变,使得胡塞尔回到纯粹主体性自身,力图在最为本原的被给予性的领域为哲学奠基。针对康德的哲学方法,胡塞尔说:"为此需要一种与康德的回溯方法根本不同的回溯方法(康德的回溯方法是建立在那些不加怀疑地被认为是不言而喻的东西之上的),不是以虚构地建构的方式进行推论的方法,而完全是直观地阐明的方法,从它的开端上以及在它所阐明的一切东西上都是直观的方法。"④ 胡塞尔认为,唯有通过真正的彻底回溯的方法,才能通向作为科学的先验哲学之路。

在此哲学态度下,胡塞尔认为康德最终回溯至客观性所依据的先验统觉并

---

① 胡塞尔. 欧洲科学的危机与超越论的现象学[M]. 王炳文,译. 北京:商务印书馆,2001:240.
② 同①138.
③ 同②.
④ 同①140.

不彻底，要将先验统觉进一步"先验化"。在胡塞尔看来，康德虽然把统觉提升到了一定程度的先验高度，即统觉的综合统一最终使得人类知识能够统一，但他演绎出的先验统觉只是保证了认识的形式方面的先天性，对于认识的内容方面的先天性毫无保障，也就是说，先验统觉说到底还是受制于自在之物。就此而言，康德把先验统觉看作知识形成的绝对根据是存在问题的。另外，胡塞尔认为先验统觉由于受制于感觉经验还带有心理学的嫌疑，而心理学作为实证科学的一部分也不符合知识的明证性要求。鉴于此，胡塞尔认为有必要对康德的先验统觉进一步地"先验化"，即进行现象学还原，为哲学的确然明证性找到一个更牢固的阿基米德点。

在胡塞尔看来，现象学必须建立在一种绝对自明、无前提的基础之上，不能如实证科学那样自然地相信世界的自在性，并由此发现、揭示自在世界的客观规律，因此，现象学首先必须抛弃实证科学的自然态度。胡塞尔将自然态度的总设定"悬搁"起来，悬搁的目的就是使世界预先被给予的信念失去效用，由客观化的经验世界转向纯粹的意识领域。这就是胡塞尔宣称的"括号法"："我们使属于自然态度本质的总设定失去作用，我们将该设定的一切存在性方面都置入括号：因此将这整个自然世界置入括号中，这个自然界持续地'对我们存在'、'在身边'存在，而且它将作为被意识的'现实'永远存在着，即使我们愿意将其置入括号之中。"① 通过现象学的还原，唯一剩余的东西就是纯粹的意识。

纯粹意识的本质特征就是意向性。胡塞尔实质上将自己的现象学限定在了意义领域，将指称加以悬置。意义理论并不是如一般语言学那样对概念、推理等进行一般的语义分析，而是对构造这些概念、推理等的意识行为本身进行现象学描述。所以意向性理论并不是研究具体的对象本身，而是考察对象给予、构成的方式。对象构成的意向性关系被胡塞尔区分为意向活动和意向对象。意向活动就是精神活动本身，它代表意识中实在的部分，是思维自身。意向对象则是意识活动的素材，是意向的具体内容。意向活动和意向对象不可分割，互

---

① 胡塞尔. 纯粹现象学通论[M]. 李幼蒸，译. 北京：商务印书馆，2012：113.

相从属，任何一个意向活动都对应着一个意向对象，反之亦然。胡塞尔的现象学更关心意向活动即主体的能动构成活动本身："一切问题中最重要的是功能的问题，或'意向对象构成'的问题。"①

胡塞尔对意向活动的构成性功能的强调必定会使他的现象学的中心概念引向先验主体，因为意向活动的发生需要设定一个执行者，它作为"自我极"存在于意向结构中：各种意向活动均从先验主体发散出去，在先验主体的作用下又聚合起来。先验主体通过意向活动构造出意向对象，而一切意向对象又都是先验主体通过意向活动构造的结果，因此，对象并不在自我的意识之外，而是被包含在自我意识之中。胡塞尔显然肯定了先验主体的存在，并且认为只有它才具有"绝对的存在意义"。至于这个先验主体是什么意义上的存在，胡塞尔说道："'世界是我的世界'而使自我进入哲学之中。哲学上的自我不是人……而是形而上学的主体，是世界的界限——而不是它的一部分。"②也就是说，先验主体虽然自身不在世界之中，却构成了世界得以可能的逻辑基础。

由此看来，胡塞尔与康德一样认为只有先验主体才能保证认识的客观性。胡塞尔的先验主体通过意向活动构造意向对象与康德的先验统觉去综合统一直观杂多进而构造对象，是极其相似的：先验主体的"思"都必然地指向物。但这种"思"所指向物的领域在他们两人那里是不一样的，胡塞尔的意向活动关注的是完全由意识构造出来的"内在"的意向对象，而康德的先验统觉所针对的对象是一个自在之物刺激感官之后形成的产物。所以，胡塞尔通过现象学的还原拒绝了自在之物本体论，把事物本身作为相关认识活动与认识内容的统一体，继而使康德的先验统觉构造知识的功能更加彻底化：康德的先验主体（通过先验统觉的构造特征）只是体现在对外来的经验材料加以形式规定，而胡塞尔的先验主体（通过意向活动）不仅体现为意识的形式，还包含了内容。胡塞尔的现象学完成了认识论的先验转向，以内在意识的先验结构从根本上保证了认识的普遍必然，把"认识何以可能"的前提建立在思维的先验逻辑机能之上。

---

① 胡塞尔.纯粹现象学通论[M].李幼蒸,译.北京：商务印书馆，2012：251.
② 同①86-87.

二、梅洛-庞蒂的知觉场

梅洛-庞蒂在《知觉现象学》的前言中肯定了统觉的统一性对于经验知识的作用，认为没有这个"我为我的绝对确实性"①，一切物体都是不可能存在的。然而，在梅洛-庞蒂看来，先验的统觉是属于"知觉场"的。知觉场的概念源于梅洛-庞蒂对胡塞尔晚期"生活世界"思想的解读。我们知道，胡塞尔晚期意识到现象学还原的宗旨不是返回到先验自我，而是返回到个人置身于其中的前科学原初的生活世界中。梅洛-庞蒂则把胡塞尔所要返回的生活世界解读为知觉场，在知觉场那里，"没有任何东西被主题化。客体和主体都没有被确定。在最初的场中，我们没有一种性质的拼凑物，但有一种根据整体要求安排功能意义的完形"②。梅洛-庞蒂批判性地吸收了格式塔心理学完形理论，认为知觉场蕴含着一个心理上的结构，它决定着人们的一切感知活动。

梅洛-庞蒂从知觉场理论出发对统觉概念进行现象学改造。首先，知觉本身就是综合的，我们也就无须如康德那般在人类知性中设定一种由统觉能力加以完成知识的综合。梅洛-庞蒂认为，康德的知识学停留在前格式塔心理学理论中。无论是康德知识学中的先天直观，还是先天范畴以及先验统觉，都属于知觉场。康德的统觉原理表达的是一种无生机的认识机能，而梅洛-庞蒂所提出的知觉则相反，它表现的是生命对周遭世界的体验："知觉首先不是在作为人们可以用因果关系范畴（比如说）来解释的世界中的一个事件，而是作为每时每刻世界的一种再创造和一种再构成……这个知觉场不断地纠缠着和围绕着主体性，就像海浪围绕着在海滩上搁浅的船只的残骸。一切知识都通过知觉处在开放的界域中。"③ 同样，也无须如康德那般在感性中假定作为纯粹形式的时间和空间，因为知觉综合是一种时间综合，知觉方面的主体性就是时间性，"在我们看来，知觉综合是一种时间综合，在知觉方面的主体性不是别的，就

---

① 梅洛-庞蒂. 知觉现象学[M]. 姜志辉，译. 北京：商务印书馆，2001：前言 4.
② 同①308。
③ 同①266。

是时间性，就是能使我们把它的不透明性和历史性交给知觉的主体的东西"①。这就是说，时间和空间不是知觉的主观条件，反倒是以（知觉中的）身体为基础。

其次，综合的行动是身体实施的，而非认识主体。身体的综合是知觉的综合，而非统觉的知性综合。梅洛-庞蒂的"身体"概念并不像传统理论所理解的那样是作为外在世界的一个部分，而是具有一种"环境意向性"② 的功能，它能够在自己的周边谋划一定的生存环境。这种意向性是"与生存一起弯曲的意向性"③，它能够在自己的周边谋划一定的生存环境。个体在同环境打交道的过程中形成他自己不同于别人的意向弧，借助这种意向弧，个体的行为得以逐步形成身体的图式。梅洛-庞蒂从格式塔心理学出发赋予身体图式新的内涵："身体图式不再是在体验过程中建立的联合的单纯结果，而是在感觉间的世界中对我的身体姿态的整体觉悟，是格式塔心理学意义上的一种'完形'。"④ 认知中的综合再不是如康德那样由知性中的统觉实施，"而是身体进行综合，在这个时候，身体摆脱其离散状态，聚集起来，尽一切手段朝向其运动的一个唯一的终结，而一种唯一的意向则通过协同作用的现象显现在身体中"⑤。这种通过身体图式完成的综合也就是知觉的综合。

梅洛-庞蒂创造性地发挥、诠释了胡塞尔后期的现象学思想，对康德的统觉理论进行了改造。这主要体现在两个方面。一方面，康德为知识立法的先验统觉不再是不可替代的最高级别的综合能力，因为在梅洛-庞蒂那里，知觉自身就具备综合的功能，知觉的综合可以取代统觉的综合。另一方面，实施综合行动的也不再是我们的知性抑或统觉，而是身体。身体的综合也就是知觉的综合。

---

① 梅洛-庞蒂. 知觉现象学[M]. 姜志辉, 译. 北京：商务印书馆，2001：305.
② 同①297。
③ 同①207。
④ 同①137。
⑤ 同③。

小 结

康德的统觉理论为后来的哲学家提供了丰富的思想资源，其中受其影响较大的就是德国古典哲学和现代现象学。

康德将统觉视为既不是理论派如笛卡尔的纯粹的理性怀疑，也不是经验派如休谟提出的能够联结经验的某种心理作用，而是将其提升为一条确定无疑的经验知识的至上原则。正是从康德开始，德国古典哲学沿着先验统觉——自我意识这样一种思想规定传递和发展。费希特试图用更加具有能动性的自我去"吞没"康德的自在之物；谢林在费希特哲学基础上将自我意识的主观性发展为客观性，把康德主观的先验统觉引入了客观实在的自然领域；黑格尔更是把人类中的自我意识过渡到客观的绝对精神之中，主张整个自然界就是作为最高实体的绝对精神外化出来的结果。在黑格尔之后，历经半个多世纪的非理性主义哲学，胡塞尔开始重新寻找一条通往"绝对理念"的理性之路，探索绝对的、内在的意识的先验结构。胡塞尔的先验现象学试图通过对康德先验哲学的方法论的批判，实现现象学还原，对先验统觉"先验化"。而梅洛-庞蒂所创的知觉现象学则直接受到胡塞尔后期思想的影响，对康德的统觉概念进行实质性改造。

历史已表明，康德的统觉概念对他之后的哲学家产生了深刻的影响。无论是其后来在德国观念论中的发展，还是在现代现象学中的转向，都是它在哲学史上具有持久生命力的体现。康德之后，哲学家们从来没有停止过尝试解决随康德统觉概念一起出现的诸多难题，例如自我的二元对立、唯我论困境、心理学因素的困扰等。然而，克服这些难题的种种尝试与其说是对统觉概念的批判或修正，不如说是康德统觉概念本身展现出的多种可能性发展的集中表现。

附录一

如何理解康德的统觉概念[*]

[*] 此文曾发表于《现代外国哲学》2020 年第 2 期。

众所周知,近代西方哲学将哲学的重心转向了认识论,试图从主体出发解决认识的可能性问题。康德提出统觉的概念,其主要目的就是要解决主体如何与客体相一致这一认识论核心问题。然而,康德本人竟没有提供一个直接关于统觉的清晰定义,往往只是以不同的角度、不同的术语阐发其意义。在《纯粹理性批判中》中,他使用了很多跟统觉直接相关的术语,如"先验统觉""经验性的统觉""自我意识""我思"等。康德使用术语的复杂性给我们理解统觉的实质内涵带来了一定的困难。

学界对统觉概念的误解又进一步加剧了这种困难的状态。以德国学者亨利希(Henrich)为代表的理性派将统觉仅仅视为自我意识(国内学界一般亦依循此做法),以美国学者基切尔(Kitcher)为代表的经验派则显露出对传统解释模式的不满,有意地摒弃自我意识的概念,代之以综合。本文将从康德认识论中不可还原的认识能力入手,将统觉置于与想象力、感官的关系中来分析和澄清统觉概念的基本含义,揭示出它的核心特征,并针对国外学术界对统觉概念的两种主流导向的解读作出自己的回应。

一、统觉:人类获得明晰知识的高级能力

在论述康德的统觉概念之前,有必要先了解一下统觉概念的由来及其基本含义。统觉概念最早由莱布尼茨提出,他创制统觉概念时用的是法语"l'apperception",后来,沃尔夫用拉丁文的统觉"apperceptio"表达自己的思想。[①]康德显然熟知莱布尼茨和沃尔夫的哲学,其中自然包括他们的统觉思想。

---

① THIEL U. Between Wolff and Kant: Merian's therory of apperception[J]. Jonrnal of the History of Philosophy, 1996, 34(2): 214.

在莱布尼茨那里，统觉被视为单子的某种程度的知觉。每个单子因为其知觉的明晰程度不同，被莱布尼茨划分为五种等级。其中，最低等级的知觉被称作"微知觉"，与之相应的单子也就是最低级，如无机物等。稍高等级的知觉是较为清晰的知觉、记忆能力，相应的单子是动物。再往上就是"统觉"了，即明晰的自我意识、反省、理性推理能力，为人类心灵所具有。比人高级的是精灵、天使之类。最高等级的单子是上帝，他创造其他的单子，是宇宙秩序的源泉。

从莱布尼茨对单子的种类划分来看，我们可以引申出两点结论。第一，统觉不同于纯粹的知觉。事实上，在《神义论》中，莱布尼茨更是非常明确地描述了两者的区别："这种自身在单一性或单一实体中包含和体现着众多性的暂时状态无非是人们称之为知觉（Perzeption）的东西。这种知觉必须——如下文将指出的——与统觉（Apperzeption）或者自觉的观念（bewußte Vorstellung）区别开来。"① 这里的引文表明，知觉只是一种单一实体中复杂的表象状态，而统觉是一种自觉的观念，是我们关于知觉的复杂状态本身的意识。换言之，知觉是我们心灵中持续的状态，而统觉是伴随这种状态的意识。第二，莱布尼茨将人的灵魂所拥有的统觉、自我意识看作真正推理的能力，并且这种推理的能力不是别的，就是理性能动性特征的本质体现，是我们获得明晰知识的高级能力。需要注意的是，在莱布尼茨那里，统觉除了是清晰的表象能力外，它自身还具有提供给自我以认识材料的功能，这一特征也决定了"它（统觉）可以亲知特殊的存在物，即自我及其诸状态"②。也就是说，莱布尼茨肯定了主体具有理智直观的能力，仅凭统觉我们就可以获得关于有关主体自己的知识。

沃尔夫对统觉概念的用法基本上与莱布尼茨一致。正如黑格尔所说："沃尔夫的哲学，从内容上说，大体上就是莱布尼茨的哲学，只是他把它系统化了。"③ 其一致性体现在，他们都认为：知觉只表示实体复杂的表征状态，统觉

---

① 莱布尼茨.神义论[M].朱雁冰,译.北京:生活·读书·新知三联书店,2007:483.
② BROAD C D. Kant[M]. New York and Melbourne: Cambridge University Press, 1978:240.
③ 黑格尔.哲学史讲演录[M].贺麟,王太庆,等译.上海:人民出版社,2013:193.

则是关涉这状态的意识；灵魂经由统觉的行动能将自身与他物相区分。如果说沃尔夫和莱布尼茨之间存在差异的话，那就是沃尔夫明确地区分了统觉和意识。① 沃尔夫认为，意识既指向外物，也指向自我、观念和思想；统觉只指向自我，只包含向内的意识；相比而言，莱布尼茨对统觉与意识的区分并不那么清楚。

不难看出，在莱布尼茨和沃尔夫的哲学中，统觉概念的基本含义是，作为理性能动性的体现，它是表象的能力，而非实体自身，借助于它我们可以获得明晰的知识。莱布尼茨和沃尔夫虽已初步区分作为向外的指向客体的意识活动和作为向内的指向主体的意识活动，但这种区分还没能以严格的术语表达出来。当然，在这一点上，康德并没有完全接受他们的相关思想。就指向客体而言，康德没有将知识的客观必然性归于上帝，而是把它建立在统觉的综合统一功能之上；就指向主体而言，康德也不认为我们可以通过统觉就能创造出知识的材料，并由此表象主体。

二、康德的统觉：作为一种不可还原的认识能力

要想真正把握康德的统觉概念，就必须深入康德批判哲学体系的内部。我们之所以将统觉分别置于与想象力、感官的关系中，原因有二。其一，在康德看来，我们一切经验的可能性的条件都来源于"三个本源的来源"，即感官、想象力和统觉。② "本源的"就是说，感官、想象力和统觉是唯一能够为我们的知识提供先天规则的三种能力，不能进一步被还原为其他更基本的能力。这样一来，我们完全可以通过辨析统觉与其他两种基本认识能力之间的关系，继而获得统觉概念自身所独有的内涵。其二，这样一种比较分析的方式本身蕴含着康德对统觉概念的两种用法（对莱布尼茨和沃尔夫关于统觉用法的进一步明确化），即向外"表象"客体的综合能力和向内"表示"主体的自我意识。

---

① DYCK C W. A Wolff in Kant's clothing: Christian Wolff's influence on Kant's accounts of consciousness, self-consciousness, and psychology[J]. Philosophy Compass, 2011, 6(1): 45.
② 康德.纯粹理性批判[M].邓晓芒,译.北京:人民出版社,2004: 85.

(一)"表象"客体的综合能力

在康德那里,统觉和想象力都是综合表象的能力。所谓综合,"在最广泛的含义上是指把各种表象相互加在一起并将它们的杂多性在一个认识中加以把握的行动"。① "各种表象"既指直观杂多,也指各种概念。直观杂多又有经验性直观和非经验性直观(时空本身)之分。毋庸置疑,统觉就是将各种直观杂多"在一个认识中加以把握"。因为认识实质上就是从多到一的过程。知识从客观上要求一种将多综合为一的综合活动,虽然想象力在其中发挥着不可或缺的作用,但从根本上说,它依赖统觉的综合。

就想象力的综合和统觉的综合两者之间的关系,康德在《纯粹理性批判》的 A 版演绎中展开了详细的论述。康德认为,我们面对的首先是杂乱的经验整体。在时间的前后序列之中,纷至沓来的直观杂多表象在时间的每一瞬间形成的都是绝对孤立的表象,难以被我们所把捉。所以,我们就需要一种"直观中领会的综合"来把握时间表象(内感官)的能力,运用时间表象来整理、联结和组合一切杂多印象使之形成一个"概观"的能力。其次,如果我们没有"想象中的再生的综合",甚至空间时间这样的纯粹的表象也不能产生。也就是说,就直观中的表象、空间时间本身而言,没有再生的综合作为其前提,就不存在,甚至无法想象领会的综合。最后,直观杂多在时间意识中的关联并不是无条件地合乎规律,因为这种联系如果没有一种贯穿前后的"统一性",我们便不可能意识到当下在场的那表象就是和再生出来的那表象是同一个表象,那么表象的杂多还是形成不了一个整体:"假如不意识到我们在思的东西恰好正是我们在前一瞬间所思的东西,那么一切在表象系列中的再生就会是白费力气了。"② 简言之,没有更高的知性综合能力把统一性带到两个表象之间的关系中来,那前面再生的表象就等于"无"。这种对表象之间一贯的、必然的综合能力的联结被康德称作"概念中认定的综合"。"概念中认定的综合"显然是知性概念的综合所达到的统一性,是统觉能力的直接作用结果。所以,在康德那

---

① 康德.纯粹理性批判[M].邓晓芒,译.北京:人民出版社,2004:69.
② 同①117.

里,"三重综合"中的想象力的综合是以统觉的综合为前提的。

需要注意的是,康德对想象力的论述,特别是它在认识中的定位显得有些摇摆不定,其体现在:究竟将想象力归结为与知性不同的认识能力,还是将它们相等同。通常情况下,康德是将想象力视为灵魂的基本机能[①],赋予它与感性、知性一样的独立认识地位(即前面我们论述的作为"三重综合"之一的想象力),此时,想象力既指向直观,又去综合杂多。但康德有时也会将想象力的先验综合视为知性对感性的一种规定[②],这样一来,想象力的综合与知性的综合无异。

反观统觉,康德自始至终将其视为我们的认识之所以能达到概念统一的本源综合能力。如上所述,在第一版的《纯粹理性批判》中,康德通过给予的经验整体分析,由"直观中领会的综合""想象中的再生的综合"再到"概念中认定的综合"追溯至先验统觉的综合统一。在第二版的《纯粹理性批判》中,康德则借助逻辑判断的"联结"追问一般联结的可能性,进而也指向、推导出统觉的先验统一。当然,在第一版的《纯粹理性批判》中,统觉的综合统一又是以统觉意识的同一性为前提的,或者说,意识的自同一是统觉的综合自身蕴含的。康德就此写道:"在每次都能够属于我们的知识的一切表象中,我们先天地意识到我们自己的无例外的同一性是一切表象的可能性的必要条件……"[③]换言之,我意识到主体实施综合的行动,同时,又意识到这个行动将规则赋予表象,以形成统一的认识。正如盖耶尔(Guyer)所指出的,康德这里的论述似乎存在一个问题,它预设了意识隐含自我意识,即在任何一个意识发生的过程中,主体都必须意识到他自己,意识到是"他自己"的行动性作用于外部世界。[④] 如果盖耶尔的判断是准确的话,那么在第二版的《纯粹理性批判》,康德显然避免了这个问题带来的困扰,因为他认为,即使我没有意识到表象,这些

---

① 康德.纯粹理性批判[M].邓晓芒,译.北京:人民出版社,2004:70.
② 同①101。
③ 同①125。
④ GUYER P. Kant on apperception and 'A priori' synthesis[J]. American Philosophical Quarterly, 1980, 17(3): 210.

表象也要与"一个普遍的自我意识"的条件相符合。① 这样一来，康德的论述避免了可能遭致的从意识直接推导出自我意识的诘难。统觉本身成了意识的一部分，而非仅仅伴随意识的那种综合行动。②

必须指出，作为知性的综合活动，统觉的综合受制于直观，其必须运用于经验性的直观对象继而"表象"客体，否则对于我们知识的形成毫无意义。在康德那里，我们所以称"物体是有重量的"为知识，不仅由于主词和谓词的联结是统觉综合的统一，还在于这种综合活动必须能够运用于感性直观。

（二）"表示"主体的自我意识

作为一种意识，统觉不同于感官意识。统觉与外感官意识和内感官意识的区分可以借助当代哲学家对意识概念的分析得到清晰说明。在他们看来，意识既可指对周边事物、世界的直接感觉以及这种意识的状态，即"简单的意识"；也可以指自我意识或者内省，即一个人意识到他自己或者意识到他自己的意识状态，即"自我意识"。③

从当代哲学的角度看，康德将简单的意识与自我意识已经严格区分开来。他在1789写给赫茨（Herz）的信中谈到动物的意识问题时说："在这种情况下，（如果我把自己想象成动物）它们作为一个经验的联想律结合起来的表象，仍然影响着我的情感渴望能力，并且尽管没有意识到我的规定存在（假定我能意识每一个个别的表象，但不能借助它们的统觉的综合统一，去意识它们与它们客体的表象统一的关系），但它们照样在我自身之内有规律地行动着，我由此一点也不能认识我自己的状况。"④ 康德肯定了动物有简单的意识，没有自我意识，缺少那种将它们自身的表象概念化的认识能力。换言之，动物具有关于外部世界的意识，也拥有例如"疼"这样的意识状态，但它们不能意识到其自身是作为疼痛的主体而存在。

---

① 康德.纯粹理性批判[M].邓晓芒,译.北京:人民出版社,2004:89.
② PIPPIN R B. Kant on the spontaneity of mind[J]. Canadian Journal of Philosophy, 1987, 17(2): 460.
③ BROOK A. Kant and the mind[M]. New York: Cambridge University Press, 1994: 46.
④ 康德.康德书信百封[M].李秋零,编译.上海:上海人民出版社,2006:139-140.

简单的意识在康德那里主要指外感官和内感官意识。外感官不单纯指代具体的五官，而是"我们内心的一种属性"，具有认识论意义。① 作为抽象的内心属性，外感官是我们主体内部接受外部现象需要的认识能力。内感官也不再是指传统意义上的能直观自己灵魂的道德感和美感等感官，而是借它能直观心灵的内部状态。康德还强调，内感官仅是对内心状态的意识，不针对灵魂自在之物。进一步讲，我们通过外感官意识外部空间的对象，通过内感官意识时间中的心灵内部状态。所以，外感官和内感官一起构成了我们主体接受现象的感官意识。

在感性的方面存在外感官、内感官意识；在知性的方面则存在着思维的内部意识，这种意识除了推论性的意识，就是统觉的意识。统觉的意识也有经验性与先验之分，即经验性的自我意识与先验自我意识。康德说："对意识本身的意识，按照我们状态的规定来说，在内部知觉中仅仅是经验性的，是随时可以变化的，它在内部诸现象的这一流变中不可能给出任何持存常住的自身，而通常被称之为内感官，或者经验性的统觉。"② 这句话肯定了经验性的统觉就是关于规定我们内部状态的自我的意识，经验性的统觉就是经验性的自我意识。在《纯粹理性批判》的第 16 节，康德对一些与统觉相关的术语作了重要的说明，他将我思称作"纯粹统觉"以区别于经验性的统觉，并把纯粹统觉也称为"本源的统觉"以表明这种统觉不能被任何其他表象所伴随，因为任何其他表象本身不能自己联结在一起。所以，在康德那里，我思、纯粹统觉、本源的统觉都是先验统觉的同义词。虽然康德并没有直接说先验统觉就是先验自我意识，但他称纯粹统觉就是自我意识，又将纯粹统觉的统一称为自我意识的先验的统一，由此可见先验统觉就是先验自我意识。③

经验性自我意识与先验自我意识之间本质性的差异在于：我们通过经验性自我意识只能达到意识的主观的统一，通过先验自我意识能达到意识的客观统一性。意识的主观统一仅仅是"一个内感官的规定，它把直观的那个杂多经验

---

① 康德.纯粹理性批判[M].邓晓芒,译.北京：人民出版社,2004：27.
② 同①119。
③ 同①89。

性地提供给这样一种联结"①。经由这种意识的主观统一，内感官呈现出来的直观杂多的联结只能是偶然的，不具备客观性。而先验自我意识不依赖于内感官，只涉及"我思"的思维本身，所以它承载着一个客观的联结，不涉及任何关于"我"的主观状态。由此可见，经验性自我意识是关于个别的心理状态的意识，先验自我意识是关于主体自身的意识。在"我能够意识到我自己拥有疼痛的状态"的这一经验中，经验性的自我意识只是表明，我能够意识到疼痛的状态；先验自我意识的客观性体现在：我不仅能够意识到"我"是当下疼痛状态的主体，而且我能意识到这个"我自己"也可以是其他表象的状态或者事件的主体（例如，意识到这个"我"也是看到某个东西，听到某个东西的同一个主体）。

因此，先验统觉的自我意识关涉主体的方式与我们上面所分析的它指向客体的方式——表象是不一样的，这种特殊方式被康德称为表示，"因为，在我们称之为灵魂的东西中，一切都处于连续的流动之中，而没有任何常驻的东西，也许（如果我们一定要这样说的话）除了那个单纯的'我'之外，之所以如此单纯是因为这个表象没有任何内容，因而没有任何杂多，因此它也显得是在表象或不如说在表示一个单纯的客体"②。

三、统觉的核心特征：自发性和"无确认的自指"

以上的分析表明，康德的统觉概念具有双重性的指向，通过它，我们既能够综合外部的对象建构知识，又能够意识到自己以表示主体。然而，我们不禁要问，就第一个方面而言，综合的实质是什么？就第二个方面而言，它又是如何能够实现的？针对这两个问题，下面我们将分别予以阐释。

（一）自发性的内涵

在《纯粹理性批判》的"范畴先验演绎"中，康德一再强调统觉是一个

---

① 康德.纯粹理性批判[M].邓晓芒,译.北京：人民出版社,2004：93.
② 同①332。

"自发性的行动"或"自发性的意识"。① 因此，自发性是统觉不可或缺的特征之一。然而与统觉的概念情况相似，康德对自发性的概念虽然多有提及，但始终没有给出一个确切的定义，甚至也没有对这个概念作一个独立的讨论。尽管这样，我们仍可以从他的相关论述中去把握自发性的内涵。

在康德那里，存在着"认识的自发性"与"实践的自发性"两种完全不同性质的自发性。实践的自发性是一种自行开始行动的自发性。康德认为，我们必须在自然律的因果性之外假定一种由自由而来的因果性。因为在认识领域，现象事物所遵循的自然律只是机械的因果性，现象中的任何事物依照因果链条以某个时间上在前的状态为前提继而不可避免地发生。这个最初的"在前状态"既然也是发生的事物，那么它自己也应该是作为一个原因的结果。所以，为了因果链条的完备性，也是为了因果性概念自身的不矛盾性，康德认为我们就需要假定存在着一种因果性，这种因果性可以解释机械因果性链条中的最初发生的事物的状态，并且其自身的原因无须借助其他先行的原因而进行解释。② 如此一来，"理性就为自己设立了能够自行开始行动的某种自发性的理念"③，理性的实践运用就会产生原因性的自发性。

我们这里谈的统觉的自发性不是原因性的自发性，而是在认识过程中的综合的自发性。在认识的知性环节，康德在论述自发性时主要把接受性作为它的对应概念。康德在"先验逻辑"一开始就将自发性界定为接受性的对立面："我们若是愿意把我们的内心在以某种方式受到刺激时感受表象的这种接受性叫作感性的话，那么反过来，那种自己产生表象的能力，或者说认识的自发性，就是知性。"④ 显而易见，康德力图借助接受性与自发性两个对立的概念区分感性和知性。我们知道，感性的接受性体现在被动地接受自在之物的刺激，将感觉材料以时空这样的感性形式接纳到我们内心中形成"感性知识"。知性的自发性则体现在主体的主动性上，人能够自主地将感性提供的材料进行综合

---

① 康德.纯粹理性批判[M].邓晓芒,译.北京:人民出版社,2004:89,105.
② 同①375。
③ 同①433。
④ 同①52。

行动，进而形成真正的经验知识。因此，就我们对一个对象的认识过程看，接受性是单纯地由感性接受对象的能力，而自发性则是在此基础上由知性通过概念进一步思维对象的能力："概念是基于思维的自发性，而感性直观则是基于印象的接受性。"①

现在问题的关键是，统觉的自发性如何能从"知性通过概念进一步思维对象"的这一过程体现出来呢？这可以由我们作出一个判断的行为中得以说明。当我们作出判断"S 是 P"时，该判断之所以能称为"我"的判断，并不是说我拥有"S 是 P"既定的事实，而是说我意识到"我"在作这个断言，即下判断的主体意识到这个下断言的行动本身。统觉的自发性恰恰就体现在，主体在综合行动过程中对这个行动本身的意识，这样一种意识就是，主体在判断中将一个对象"认定"为如何如何的意识。这种无条件的"认定"就是自发性。②可以说，正是统觉的自发性这一特征，使得统觉的意识能真正地与感官的意识不一样，成为统觉的自我意识。

（二）先验统觉的自指示功能

在康德的理论语境中，我们不能如理性心理学那般从单纯的"我思"——先验统觉推导出关于"我"的先天知识，也就不能用对待客体的态度那般简单地去"表象"主体。对于主体，我们只能借助于先验统觉的意识意识到它的实存，不能建构相应的知识。

关于康德所描述的统觉的这一特征，我们可以借当代学者休梅克（Shoemaker）的相关论述加以清晰的阐述。休梅克将统觉的这种特别指称自己的方式称为"无确认的自指"（self-reference without identification）。他在《自我指涉和自我意识》（*Self-Reference and Self-Awareness*）一文中这样来形容无确认的自指的特征："我对我的陈述的主词'我'的使用并不归结于我已经把那些我所认识的、坚信的或者希望的东西确认为我自己的，也就是说，不归结

---

① 康德.纯粹理性批判[M].邓晓芒,译.北京：人民出版社,2004：63.
② Allison 将这种认定称为"抓取"（taking）。ALLISON H E. Idealism and freedom[M]. New York: Cambridge University Press, 1996：94-95.

于我已经把我陈述的谓词运用于'我'。"① 休梅克这里的论述表明,我们主体意识到自己并不是通过对任何与自己相关的谓词的一种"确认"进行的,只是通过先验统觉的意识"先验地"意识到自己是作为认知主体而存在。所以,我通过先验的自我意识意识到自己的这一活动是独立于对其他任何东西的认知或"确认"的。

在休梅克看来,这种关于"我"的自指示功能显著的特征就是,它不受我们对第一人称代词误认的影响。② 这里,休梅克援引维特根斯坦对"我"的用法分析。维特根斯坦将日常语言中关于"我"的用法分成两类:一类是"作为对象的用法"(如"我长高了六英尺"),一类是"作为主体的用法"(如"我牙疼")。前一种情况涉及对某个别的人或"对象"的确认,因为一旦我们作出关于"我"的判断,并将其误认为其他人时,关于这个"我"的用法就会错了。但后一种情况并不涉及具体的某个人,将个人限定在关于"我"的判断中也将变得毫无意义。所以休梅克认为,维特根斯坦所描述的主体的"我"与对具体的某个人的确认无关,正是"我"的这种特征构成了先验统觉的独特之处。

先验统觉的自指特征表明:对实存的意识与对实存某物的属性的意识是不同的。实质上,在康德看来,在我们的认识过程中,前者的地位还优于后者。当我们试图对"我"进行认识时,我们只是围绕着它不断地打转,"因为我们如要对它作出任何一个判断,总是不得不已经使用了它的表象"③。我们要想认识任何关于我们的谓词,即任何关于我们的认识,我们必须首先知道有一个"我"在认识。为了我们能够把相关的谓词归于我自己,我们必须知道我们自己是独立地先于认识的实存者。

所以真正说来,任何判断都包含先验统觉的运用,是后者间接的表达。任何关于"我"的判断严格意义上来说并不是直接表达"我思",而是预设了它,

---

① SCHOEMAKER S S. Self-Reference and self-awareness[J]. The Journal of Philosophy,1968,65(19):558.
② Ibid., p.556.
③ 康德.纯粹理性批判[M].邓晓芒,译.北京:人民出版社,2004:291.

附录一 如何理解康德的统觉概念

"所以诸范畴的主体不可能由于它思维到这些范畴就获得一个关于它自己作为诸范畴的一个客体的概念;因为,为了思维这些范畴,它就必须把它的纯粹的自我意识作为基础,而这个自我意识却正是本来要加以说明的"①。先验自我意识并不是像经验自我意识那样关于我的任何判断的直接表达,它不是直接意识。这个特征决定了,我对任何对象都可以作判断并运用到这种意识,这些对象可以是上帝、世界、我自己。②

四、被误解了的康德统觉概念:两条主流的阐释路径

国外学术界针对统觉概念主要存在着两种有影响的解读。一种是以海德堡学派亨利希为代表的理性主义导向。很大程度上,这种解读受到康德之后由费希特传统延续下来的自我意识理论的影响,其主要特征就是将统觉的含义理解为自我意识。另一种是以美国学者基切尔为代表的经验主义导向。她不满意传统的以自我意识为中心的阐释路径,而采用综合的概念。对这两种解读的方式与特征进行考察和回应,有助于我们进一步理解康德统觉概念所蕴含的深刻内涵。

(一) 理性派导向的阐释路径

基于笛卡尔认识论传统,亨利希认为,康德实质上承认,我们关于经验的客观性来源于个人的数的同一性的知识。他着重分析了康德有关"意识的统一"的一处重要论述:"因为,如果不是内心在杂多知识中能够意识到这种统一性用来将杂多综合地联结在一个知识中的那个机能的同一性,这种意识的统一性就会是不可能的了。"③ 对此,他解释道:在自我意识的每一个例示中都有指向所有其他自我意识例示的总体,而主体的同一性的知识就在于这种所指,这种知识的发生是与每一个自我意识的例示一样必然发生的。④ 因此,在亨利

---

① 康德.纯粹理性批判[M].邓晓芒,译.北京:人民出版社,2004:302-303.
② CARR D. The paradox of subjectivity: The self in the transcendental tradition[M]. New York and Oxford: Oxford University Press, 1999: 52.
③ 同①120.
④ SCHAPER E, VOKSSENKUHL W. Reading Kant[M]. Oxford: Basil Blackwell, 1989.

希看来，康德承认，我们先天地存在着关于自我的数的同一性知识。

亨利希进一步认为，康德在解释统觉或者自我意识的概念时使用了反思理论。所谓反思理论，就是指主体能够直接反思到自己的数的同一性，主体所宣称的与它自身持久的关联正是由主体将自己变为一个客体而形成的。亨利希认为，康德用反思理论去解释自我意识的概念的做法是不合理的，因为它本身预设了自我意识，必须还要回过头来解释自我意识自身是如何产生的问题。由此，他提出了一种"自我亲熟性"（self-familiarity）理论，以取代反思理论。所谓自我亲熟性，就是指在主体中本来就存在着一些表象，这些表象先于具体的反思，并构成了我们认识外部世界的前提。

先来看亨利希阐释过程的一个关键环节，即客观统一与个人的自我意识之间的逻辑关系。康德对此有着清楚的表述："因为，如果在一个确定的直观中被给予的杂多表象，若不是全部属于一个自我意识，它们就不会全都是我的表象，也就是说，作为我的表象（即使我没有意识到它们是这样一种表象），它们必须与这样的条件必然地相符合，只有在这一条件下它们才能够集合在一个普遍的自我意识中，因为否则的话他们就不会无一例外地属于我了。"[1] 这里引文中所说的条件是：杂多表象必须属于一个自我意识，必须集合在一个普遍自我意识中；结论是：这些杂多才都是我的表象，才无一例外地属于我。因此，我们并不能如亨利希所说，任何表象先必须能够归于我的个别的意识，然后才能说它们能够归于一个意识。这两句的逻辑顺序应该倒过来，任何表象之所以能够归于我个别的意识继而达到客观的统一，其原因在于它们必须符合任何一个客观意识的条件。所以，亨利希的观点背离了康德文本。

再来看他阐释统觉概念所得出的重要结论。亨利希提出自我亲熟性理论的目的无非是用它去代替"有问题"的反思理论。他有没有实现这目标呢？我认为并没有。首先，在康德那里，先验统觉必须能够伴随着我的一切表象[2]，但这种伴随只是一种"必然的可能性"，也就是说，存在着一些借助现实的反思

---

[1] 康德.纯粹理性批判[M].邓晓芒,译.北京：人民出版社,2004：89.
[2] 同[1]89.

行动仍不能称为"我"的表象,所以,自我亲熟性的表象本质上就是关于先于任何确定的反思的"我自己"的表象。再者,这样一种属于"我自己"的表象无非是由先验统觉构造而成。值得注意的是,阿默里克斯(Ameriks)还从经验自我意识和先验自我意识在逻辑上存在的两种可能的关系反驳亨利希理论的无效。① 一种可能是,如果我们坚称,所有的经验自我意识都必须需要先验自我意识,那么,最初属于我自己的那些心理状态并不应该与能够反思性地被表象的相似状态相联结。此种情形下,我们还称这些状态是"我自己"的将显得无意义。另一种可能是,即使我们认为并不是所有的经验自我意识都现实地被先验自我意识所伴随,这样一种自我亲熟性的表象在某种意义上来说也已是一种自我意识,因为它毕竟表达了一个思维自我的自发性。从根本上看,亨利希的自我亲熟性理论只是康德统觉思想的重复。

如上所述,亨利希虽然着眼于自我意识的角度解释统觉,但没有看到统觉的自指示功能。他对康德的自我意识理论作了修正,认为应该用自我亲熟性理论去代替它,这种做法夸大了统觉背后的自我主体,认为可以将自我转化某种实在的东西(自我亲熟的表象),而后者与主体自身有着持久必然的关联。

(二)经验派导向的阐释路径

基切尔阐释统觉概念的一个整体策略是,否认康德的统觉与自我之间的关联。在她看来,康德的"先验心理学"就是以各种"认知经验"为条件预设而建立起来的一门科学,而统觉就是其中的一种。统觉是主体的心灵综合各种材料的最一般的认知任务,是寻求使得某些认知状态真正能够成为一个心灵的状态的真值条件的理论。② 统觉的综合联结(及其相关的范畴)不关涉我们把心理状态必然能够归入我们自己的能力(即自我归化的能力)③,而是对于整个认

---

① AMERIKS K. Kant and the fate of autonomy[M]. Cambridge: Cambridge University Press, 2000: 248-249.
② KITCHER P. Kant's transcendental psychology[M]. New York and Oxford: Oxford University Press, 1990: 144.
③ 自我归化(self-ascription)是斯特劳森(Strawson)创造的词汇,这一术语的用法后来被学界普遍接受。斯特劳森认为统觉就是主体必须能够将心理状态归于他自身的学说。参见 STRAWSON P F. The bounds of sense[M]. London: Methuen, 1966.

识能力起着关键的作用。因此，统觉的概念并不是最初与自我本身相关，用基切尔的话说，"统觉并不是首要地有关心理状态如何属于我们自身意识的理论"①，因为统觉的综合联结并不构成自我归化的充分条件。

如果说康德的统觉概念确实与自我的本性之间不存在直接的关联，但这还不能排除它与自我之间会隐秘相联。基切尔意识到这种可能性。他采取的解决方案是，将统觉的"我"论证为现象自我。其理由有二。首先，从统觉的概念自身来看，统觉是心灵状态之间的综合联结，而心理状态自身是现象的，那么，这些状态之间的内容的相互联结自然也是现象的。所以，关于自我认识的主题就是确立关于心理状态的综合联结的认识论地位，将自我划归现象界，而不是本体界。其次，从《纯粹理性批判》的结构来看，"先验分析论"分为"概念分析论"和"原理分析论"，既然原理分析论试图建立起现象的因果性和实体实存，那么概念分析论，特别是先验演绎，就应该建立起现象的自我必须实存。②

一旦将统觉视为认知经验，就没有必要再假定反思的意识。所以，基切尔在分析统觉概念时直接将其还原为综合，几乎不谈自我意识。她将综合的过程解释为与电脑程序类似：输入一种物理状态就会输出与之对应的一种物理状态，输入一种非物质状态就会输出与之对应的一种非物质状态，输入一些符号就会输出与之相应的一些符号。③当我们说心理状态 M_1 与心理状态 M_2 共处综合的关系，并且 M_2 是 M_1 的综合产物时，这就意味着，M_2 的产生依赖于 M_1，M_1 和 M_2 形成了由内容所决定的联系。④按照基切尔的这种分析，康德在《纯粹理性批判》B 版演绎中力图克服 A 版演绎的心理学因素又以新的方式出现了。

基切尔对统觉概念的分析忽略了统觉的一个本质性特征：自发性。只要我们承认自发性的无条件的"认定"，那么，综合的过程就不能被表达为由 M_1

---

① KITCHER P. Kant's transcendental psychology[M]. New York and Oxford: Oxford University Press, 1990: 127.
② WOOD A W. Self and nature in Kant's philosophy[M]. Ithaca: Cornell University Press, 1984.
③ 同①75.
④ KITCHER P. Kant on self-identity[J]. The Philosophical Review, 1982, 91(1): 54.

产生 M_2，因为，自发性的综合活动不能被分解为两个相互独立的活动，即 M_2 的发生依赖其他的心理状态，与 M_2 能够成为某个对象的表象并不是同一回事。①

在我们看来，统觉不能仅仅被还原为综合，统觉的我也不能简单地被归为现象界。我们知道，康德通过"先验辩证论"不仅想要揭示思辨哲学家和自然神学家由于误用了理性理念而导致的三个虚假的先天科学——理性宇宙论、理性心理学、理性神学，而且要提示我们人类的思维对于理性理念有着正确的使用方式，这样的一种运用领域就是道德。所以，在"谬误推理"中，康德虽然否定了在理论哲学中论证人类灵魂的不朽，但同时又肯定了一个有效的关于灵魂不朽的论证可以在道德领域得到分析："然而与此同时，通过这种做法，对于按照那些与思辨的理性运用结合着的实践的理性运用的原理来设想来世的权限、甚至必要性来说，却没有丝毫损失；因为那种单纯思辨的证明本来对于普遍的人类理性就永远也不可能发生什么影响。"② 这也说明，将谬误推理的主题——统觉的我视为本体自我，对康德的道德哲学显得多么重要。

由此可见，基切尔的这种解读将统觉看作认知经验，并将其还原为综合的功能，忽略了统觉的自发性、自我意识特征，导致了康德在 B 版演绎中试图避免的心理学的因素。此外，她也忽略了构成统觉基础背后的真正的主体，而这种主体并不是被经验性地所能规定。"我思"包含着"我在"这样的实存——"我在"在认识论范围内是不能被认识的，只有在道德领域才能被进一步规定。

五、结语

通过考察统觉与想象力、感官之间的内在关系，本文阐明了统觉概念的两种含义，即表象客体的能力和表示主体的自我意识，同时揭示出了与之密切相关的自发性和无确认的自指等核心特征。本文还表明，当代学者对统觉概念的阐释无一不围绕着统觉的两种基本含义展开。不同的是，有些研究者（理性

---

① PIPPIN R B. Kant on the spontaneity of mind[J]. Canadian Journal of Philosophy, 1987, 17(2): 468.

② 康德. 纯粹理性批判[M]. 邓晓芒, 译. 北京：人民出版社, 2004: 304.

派）将其思想渊源根植于德国古典哲学传统，直接切中自笛卡尔以来所开启的意识哲学的本质；另外一些研究者（经验派）则强调康德对休谟怀疑主义的超越，更加凸显认识能力的本体地位。不言而喻，他们各偏向于某一方法论立场，必然导致对统觉概念的种种误解。

基于两种意义上的统觉概念，康德实际上还提出了两种统觉的理论。一方面，立足表象客体的综合能力的统觉，康德发展出"积极的"的统觉理论，从建构对象的先天综合知识的角度，试图为自然科学如何可能找到最终的依据。另一方面，立足表示主体的自我意识的统觉，康德发展出"消极的"的统觉理论，从消解主体的先天综合知识的批判性角度，部分回答了形而上学作为自然倾向是如何可能的。

一个无可争辩的事实是，正是通过对人的心灵的深入研究，并"演绎"出统觉的这一最高的认识能力，康德才能站在前人未曾达到的高度，深刻反思、解决认识论的核心问题，提出了一系列富有原创性的见解，合理地将一些重要的理论触角引向道德领域。

附录二

康德统觉理论的两个维度[*]

[*] 此文曾发表于《四川师范大学学报（社会科学版）》2018年第3期。

统觉理论在康德的批判哲学中起着至关重要的作用。就康德的整个批判哲学而言，他试图要解决"先天综合判断"如何可能的问题，即先天综合判断是什么以及它是以怎样的方式可能的。而"统觉"为此问题提供了答案。一方面，统觉的综合统一是认识的"最高点"。我们想要形成经验对象的先天综合判断就必须要求主体发挥能动性的统觉综合作用，需要统觉的客观统一性。另一方面，理性心理学家从统觉的"我思"出发推导出了关于主体的先天综合知识。正是出于对统觉的误解才使得我们倾向于产生主体知识的幻相。因此，能否全面、准确地把握康德的统觉理论对我们理解他的整个批判哲学体系有着重大的意义。

一、划分缘由

康德的统觉理论包含的具体内容很多，如何对这些内容进行甄选和归类显得尤为重要。卡尔顿大学哲学系的布鲁克（Brook）教授在这方面所做的工作可谓出类拔萃，他较为系统地阐述了康德的统觉理论[①]，并认为其包含六个方面的内容：（1）统觉的自我意识与经验的自我意识的区分；（2）统觉自我意识的自指却并不确认主体的特征；（3）统觉自我意识的表象基础理论；（4）统觉自我意识的"空"性的特征；（5）统觉自我意识的统一性理论；（6）我们不能由它表象我们自身所是。其中，（1）（3）（5）出现在"范畴的先验演绎"中，（2）（4）（6）则出现在"先验谬误推理"中。布鲁克在这里的分析无疑肯定了塞拉斯（Sellars）的工作，将谬误推理"思维的我"看作先验演绎"统觉的我"

---

① BROOK A. Kant and the mind[M]. New York: Cambridge University Press, 1994.

对于同一主题的延续。① 但布鲁克认为塞拉斯以及其他康德研究者都没有讲清楚有关"我"的具体内容，更没说清楚这些内容之间的关系。基于此，布鲁克的研究旨在澄清谬误推理与先验演绎之间的承接关系，确切地说，谬误推理的幻相如何源于先验演绎。

布鲁克围绕康德的统觉理论所展开的细致而缜密的分析，特别是他提出的统觉的自指示功能以及就先验幻相如何源于先验演绎，对我们有着很大的启发。但遗憾的是，他所有这些论述都是为阐明"心灵是整体表象"（global representation）这一主题服务的，在一定程度上既违背康德关于心灵本质的看法，也忽略甚至割裂了康德本人对统觉理论众多内容的划分原则。

事实上，统觉理论就其运用来说无非存在着两个维度：一是面向经验的维度，二是面向主体（实存）的维度。这种维度的划分可以直接从康德本人对统觉的两种根本性的主张提炼出来。因为在康德看来，统觉（我思）既表达了一种"可能的必然性"②；又是一种"实在"的自我意识。③ 当统觉作为一种以逻辑上存在的可能的必然性时，它涉及的是经验的"形式上"的或者说"先验"的条件；当统觉作为一种以现实中存在的实在性时，它涉及的就不只是一个先验的原则，而且直接关系到统觉的主体的实存。结合康德关于统觉与经验、统觉与主体之间关系的相关思想，我们有充分的理由将这两个维度分别诠释为"统觉作为经验的先验条件"和"统觉作为主体知识的限制性条件"。

---

① SELLAR W. This I or He or It (The thing) which thinks[J]. Proceedings and Addresses of American Philosophical Association，1970-1971，44：5-31.
② 康德的完整表达是："'我思'必须能够伴随着我的一切表象；因为否则的话，某种完全不可能被思考的东西就会在我里面被表象出来，而这就等于说，这表象要么就是不可能的，要么至少对于我来说就是无。能够先于一切思维被给予的表象叫直观。所以直观的一切杂多，在它们被发现于其中的那同一个主体里，与'我思'有一种必然的关系。"（参见康德.纯粹理性批判[M].邓晓芒，译.北京：人民出版社，2004：89.）"必须能够"就是指逻辑上的"可能的必然性"。这条被康德视为知性一切运用的最高原则，即统觉的综合统一性原理（简称"统觉原理"），其重要性不仅体现在，它构成了我们主体建构对象知识的先验条件，实则还为康德批判理性心理学的灵魂学说提供了理论基础。我们将在本文的第三部分"对统觉的误解——以'实体性'为例"中看到，康德是如何立足于统觉原理对先验谬误推理展开了反驳。
③ 康德.纯粹理性批判[M].邓晓芒，译.北京：人民出版社，2004：301.

二、统觉作为经验的先验条件

先验统觉是我们之所以拥有经验知识的最终根据所在,而统觉的"先验性"恰恰就在于它构成了产生经验知识的可能性条件。那么,统觉为什么能够构成经验的先验条件?统觉对何种意义的经验具有客观有效性?康德又是如何具体论证统觉的客观有效性?下文将依次对直接关涉统觉的客观有效性的这三个问题展开论述。

(一)统觉对于经验知识形成的必要性

经验知识的形成需要两个必要的条件:一是"直观之可能性",一是"思维之可能性"。康德在对范畴进行先验演绎时说:"所以,一切先天概念的这个先验演绎有一个全部研究都必须遵守的原则,这就是:它们必须被认作经验的可能性(不论是在其中遇到的直观之可能性还是思维之可能性)的先天条件。"①"一切先天概念的这个先验演绎"表明,康德在一般意义上把时空的先验阐明也看成是一种对先天概念的一个先验演绎,只是在严格意义上才将先验演绎看作是对范畴的演绎,即对其合法权利作出的阐明。在这里,范畴是知性的形式,是"思维之可能性"的先天条件。这与时空是感性的形式相对应,因为后者是"直观之可能性"的先天条件。也就是说,正是范畴和时空一切构成了经验的基础,没有它们,经验就是不可能的。我们从这个原则可以看出,范畴之所以具有客观有效性就是因为对象经验的形成必须以对象能够被思维为前提。

然而,范畴的可能性以及关于范畴的先天知识又是由统觉的先验统一造成的。康德将统觉的统一称为自我意识的先验统一,"以表明从中产生先天知识来的可能性"②。引文中所说的先天知识就是指知识中的先天因素,即范畴及其原理。在康德那里,范畴只不过是统觉的本源综合统一在实现自己功能的各个方面的表现。范畴的客观有效性根本上依赖于我们拥有自我意识的先验统一这

---

① 康德.纯粹理性批判[M].邓晓芒,译.北京:人民出版社,2004:85.
② 同①89。

一事实。如果结合范畴的先验演绎所遵循的原则,我们就会发现,经验知识在思维形式上的原因首要的是范畴,但进一步追溯的话,范畴的可能性依据是统觉的先验统一性。

因此,统觉之所以能够构成经验的先验条件,并不是以直观形式(时间和空间)的方式存在于经验中,而是作为知性的自发性,以思维的先天形式这一更高的认识形态使得经验知识成为可能。先验统觉作为自我意识的客观统一,在逻辑上是先于任何确定的思维,它构成了任何经验得以发生的必要条件,赋予直观杂多以客观性。没有先验统觉就不可能形成经验知识。

(二) 经验性直观作为统觉最终综合的对象

康德在《纯粹理性批判》的开篇部分就对经验的概念采取了两种不同的用法。他说:"我们的一切知识都从经验开始,这是没有任何怀疑的;因为,如果不是通过对象激动我们的感官,一则由它们自己引起表象,一则使我们的知性活动运作起来,对这些表象加以比较,把它们连结或分开,这样把感性印象的原始素材加工成称之为经验的对象知识,那么知识能力又该由什么来唤起活动呢?"① 引文中的第一个"经验"是我们认识的起点,是知识的"初级形态"。这种经验囊括了任何在我们感官中出现的东西,是未经范畴作用过的"经验性直观",即所有关于我们意识的经验。而第二个"经验"则是"对象知识"。这种经验显然是在感性和知性(由经范畴)的共同作用下形成的,不同于仅在感性的接受性作用下的"初级形态"的经验。那么康德最终是要证明统觉对何种意义的"经验"具有客观有效性呢?②

如果我们梳理一下特定的章节之间的逻辑关系就会发现,统觉对"对象知识"的客观有效性已经在"范畴的形而上学的演绎"中就得到了说明。康德将

---

① 康德.纯粹理性批判[M].邓晓芒,译.北京:人民出版社,2004:1.
② 贝克(Beck)将未经心灵的概念所作用过的经验称为"洛克的经验",将经由知性作用过的经验称为"康德的经验"。他还提供给我们解读整个《纯粹理性批判》的一种方式,即看康德如何从"洛克的经验"过渡到"康德的经验"。本文的这一部分内容论证了形而上学的演绎只是完成了对"康德的经验"的客观有效性的说明,而范畴的先验演绎才完成了对"洛克的经验"的客观有效性的证明。这样的一种论证路径恰好反映了康德试图将"康德的经验"的必要条件运用到"洛克的经验",因此,我在这里的论证可以被看作是对贝克此种观点的一种具体体现。(参见 BECK L W. Essays on Kant and Hume[M]. New Haven and London: Yale University Press,1978:41-42.)

"发现一切纯粹知性概念的线索"这一章内容称为范畴的形而上学演绎。从这章的名称就可以看出康德的论证企图，他就是要通过某条"线索"去论证纯粹知性概念是存在的，并且由此将一切范畴完备地列出来。对于这样的一条"线索"的发现，康德是从批判亚里士多德发现范畴的方法开始的。在康德看来，亚里士多德那里是通过经验的途径、以偶然的方式搜集到的范畴①，其不具有哲学的必然性和完备性。而他认为，范畴是从知性本身那里分析得来的，范畴的种类可以借助对知性的运用而得以揭示。由此，康德从知性在判断的逻辑机能出发，将思维在判断中的机能归结为四个名目之下，分别是判断的量、判断的质、判断的关系以及判断的模态。与此相对应，范畴也有四组：量、质、关系以及模态的范畴。因此，一个自然的结论就是：既然我们所有关于对象的知识都必须采取某种确定的判断形式，那么它们就必须受知性的纯概念，即范畴的作用。

这里必须强调的是：康德在形而上学的演绎中只是说明了所有的"对象知识"需采取判断的形式，进而服从于范畴，而并没有说明经验性直观的感觉材料也要采取判断的形式，所以，经验性直观暂时还不能被纳入统觉的统一机能之下。

"范畴的先验演绎"的证明目标必然不同于形而上学演绎，并且要在后者基础上有所推进，否则将会变得多余。进一步地说，从两种经验概念的外延来看，即使我们在范畴的先验演绎最终能够证明了统觉对"对象知识"的经验具有客观有效性仍不能充分地说明范畴对经验性直观的经验的有效性。因此，我们从康德将"先验分析论"的开始两章分为"范畴的形而上学的演绎"和"范畴的先验演绎"这两个独立的章节并结合这里的分析来看，康德在范畴的先验演绎部分必然是要证得统觉对经验性直观的客观有效性。而事实也的确如此，康德在演绎的近末节论及其论证目标时说："一切可能的知觉，因而甚至一切总是可以获得经验性意识的东西，即一切自然现象，按照其联结来说都是服从

---

① 康德.纯粹理性批判[M].邓晓芒,译.北京：人民出版社，2004：73.

范畴的……"① 经验性直观是服从于范畴的,继而服从于统觉。统觉最终所作用的对象是经验性直观杂多。

(三) 统觉作用经验的两个步骤:从一般直观到经验性直观

统觉对经验性直观的客观有效性的证明不是一蹴而就的,而是被康德分成了两个步骤。这两个步骤对应着先验演绎的论证结构。德国学者亨利希(Henrich)的一篇深入探讨范畴先验演绎论证结构的论文引起了学界的广泛关注②,其中一个核心的观点就是:先验演绎的整个结构遵循"一个证明两个步骤"(two-steps-in-one-proof)。简单地说,就是先验演绎中第 20 节给出的结论"在一个所予直观中的杂多必然从属于范畴"③与后面 26 节的结论"那么范畴就是经验的可能性的条件,因而也是先天地适用于一切经验对象的"④表面看来是相互独立的,每一个结论都表示了一个完整的论证逻辑及其结构。但如果我们考虑到康德在第 21 节的注释,它说 20 节之前完成的演绎部分仅仅"开始了纯粹知性概念的一个演绎",我们有充分的理由相信前面所提到的演绎的两个部分一方面表达不同的含义,另一方面又构成同一个证明目标的两个关联命题。进一步的问题就是,两个关联的证明结构如何指向同一个证明目标?亨利希采取的办法是从康德所使用的一个德文"Ein"入手,一处出现在"一切杂多只要在'一个'经验性直观(Einer emprischen Anschauung)中被给予出来……"⑤,而另一处出现在"在一个所予直观中的杂多必然从属于诸范畴"⑥。他将 Ein 解读成"Einheit"(统一)的词根所代表的含义,而不是通常所理解的量词意谓。如此,"一个经验性直观"作为直观本身就意味着已然具有统一性。当我们说"一个所予直观中的杂多必然从属于诸范畴"时,就等于说,一个内在的统一性直观服从范畴。按照这种解释,范畴先验演绎结构的第一部分

---

① 康德.纯粹理性批判[M].邓晓芒,译.北京:人民出版社,2004:109.
② HENRICH D. The proof-structure of Kant's transcendental deduction[J]. The Review of Metaphysics,1969,22(4):640-659.
③ 同①96.
④ 同①107.
⑤ 同③.
⑥ 同③.

只是证明已经包含统一性的直观必然从属于范畴。那么，结构的第二部分才将先前的限制条件克服，从而论证了任何直观都从属范畴。

亨利希的这种诠释路径从逻辑思维上来看是"反直觉"的①，也不符合康德论证思维的一惯性。我认为，演绎论证的一个目标并不是直观是否已具有统一性的根本特征继而服从范畴，而是每一个一般感性直观作为一种统一性直观是服从范畴的；演绎结构第一部分向第二部分的过渡并不是某种限制性条件被克服，而是康德将范畴特定地限制在人类感性直观，并规定了经验。在范畴的先验中，范畴的这种运用领域的变化实质上也从某个方面折射出康德一贯的从普遍到特殊的思维进程。

依照我们的这种诠释，统觉对经验的客观有效性论证历经的两个步骤是：（1）康德试图完成统觉对一般直观杂多的客观有效性，此时被作用的杂多并不一定带有时空的直观形式特征；（2）康德完成统觉对经验性直观杂多的客观有效性，此时被作用的直观杂多就是特指任何我们人类可以意识到的感觉材料，并且这种感觉材料必然从属于时空的直观形式。

统觉对一般直观的客观有效性的论证重点就是在逻辑上阐明先验统觉与对象的关系。康德在 B 版演绎中直接给对象（客体）下了这样的定义："在其概念中结合着一个所予直观的杂多的那种东西。"② 通过这个定义，康德实质上将有关对象的陈述转换为对该对象的概念的描述，将"对象是什么"的问题巧妙地转化为构成对象的认识论条件问题。经过这样一种思维上的改变，康德将对对象的条件分析取代了对象自身的分析，也就回避了关于对象的规定性本质问题，继而强调对象的概念性。对象首先在于它的概念，直观杂多并不是依附于对象本身之中，而是被结合在对象的概念中。对象的形成需要直观杂多的综合，而直观杂多的综合统一就是先验统觉的作用造成的，因此对象的概念自然就是先验统觉建立起来的。康德对此说："于是意识的统一就是唯一决定诸表象对一个对象的关系，因而决定这些表象的客观有效性并使得它们成为知识的

---

① ALLISON H E. Kant's transcendental idealism: A interpretation and defense[M]. New Haven, Conn., and London: Yale University Press, 1983: 137.
② 康德. 纯粹理性批判[M]. 邓晓芒, 译. 北京: 人民出版社, 2004: 92.

东西，乃至于在此之上建立了知性的可能性。"① 也就是说，没有意识的统一就没有对象的表象，统觉的统一是我们形成任何对象之表象的必要条件。

当康德把统觉的运用限定在人类的经验性直观时，他延续从普遍到特殊的思维路径，先是论证了统觉对感性直观形式（经验性直观得以可能的先天感性条件）的运用，然后才是对经验性直观的运用。康德为了论证统觉是感性直观形式的先验条件而引入了想象力的先验的综合的概念，将这种综合分别连接人类感性的形式和统觉（及范畴）。首先，想象力的先验的综合是时间的确定表象的充要条件，就如先验统觉与对象的关系一样。其次，想象力的先验综合必然符合统觉的综合统一。这样一来，感性直观形式就是从属于统觉的。但范畴的先验演绎不能只论证范畴对感性直观形式（先天直观）的客观有效性，还必须论证范畴对经验性直观的客观有效性，因为："纯粹知性概念即使当它们被运用于先天直观（如在数学中）时，也只有在这些先天直观、因而借助于先天直观使知性概念也能够被运用于经验性直观的情况下，才获得知识。"② 我们要想获得知识，必须是获得现实的经验对象的知识，而这种对象就是经验性直观。如此，统觉的经验运用必须最终运用至在纯直观中呈现给感官的所有感觉内容。最后，康德对时空的表象进行分析得出两点结论：一是时空构成经验性直观的必要条件，二是统觉又是构成时空表象得以统一的必要条件，所以经验性直观服从于统觉的统一。

三、统觉作为主体知识的限制性条件

康德的统觉理论不仅能够为我们积极地构建客体的知识，也能防止我们产生非法的关于主体的先天知识。如上所述，先验统觉是构建对象知识的先验条件。它借助于知性的范畴对现象世界中的直观杂多进行综合统一使得经验具有了客观实在性。然而，先验统觉一旦将范畴运用到主体身上时，就意味着范畴超出了经验的限制，我们必然会产生相应的关于主体的先天知识的幻相。所

---

① 康德. 纯粹理性批判[M]. 邓晓芒, 译. 北京: 人民出版社, 2004: 92.
② 同①98。

以，我们必须将统觉的运用限制在经验的范围内，而把统觉看作是对主体知识的限制条件。

统觉如何能够起到限制主体知识的作用呢？我们可以从两方面对其加以分析。其一，康德立足于统觉原理，通过批判笛卡尔、莱布尼茨等理性心理学家的"灵魂学说"①试图表明，理性心理学仅仅由"我思"出发就试图推导出关于主体的先天知识是不可能的。其二，康德基于自己统觉理论提出了解决主体先天知识问题的方案。就第一个方面而言，我将以第一个"先验谬误推理"——"实体性"为例，把理性心理学家所犯的根本错误判定为"对统觉的误解"，以表明我们只要正确地去理解、对待统觉的应有之义，便能警惕产生主体知识的妄想。就第二个方面而言，我们将看到康德最终通过对"我"进行二分实现了对主体先天知识问题的最终解决。

（一）对统觉的误解——以"实体性"为例

> 这样一种东西，它的表象是我们的判断的绝对主词，因此不能被用作某个他物的规定，它就是实体。
>
> 我，作为一个思维着的存在者，就是我的一切可能的判断的绝对主词，而这个关于我本身的表象不能被用作任何一个他物的谓词。
>
> 所以，我作为思维着的存在者（灵魂），就是实体。②

大前提是对"实体"概念的直接定义。亚里士多德在《范畴篇》中对实体下了这样的定义："实体，就其最真正的、第一性的、最确切的意义而言，乃是那既不可以用来述说一个主体又不存在于一个主体里面的东西，例如某一个个别的人或某某匹马。"③虽然在亚里士多德那里，实体有"第一实体"和"第

---

① 这是康德描述理性心理学家关于"内感官的自然之学"所使用的特定术语。（参见康德.纯粹理性批判[M].邓晓芒,译.北京：人民出版社,2004：331.）而"灵魂"这个概念着重突出了其与"肉体""物体"概念的对立关系。灵魂学说后来被学界一般称为"自我学说"或者"主体学说"。本文视"灵魂学说"（以及"灵魂"的概念）所处的具体语境选择性地将其替换为"主体学说"（及"主体"）或者"自我学说"（及"自我"）。
② 康德.纯粹理性批判[M].邓晓芒,译.北京：人民出版社,2004：310.
③ 亚里士多德.范畴篇 解释篇[M].方书春,译.北京：商务印书馆,2013：12.

二实体"之分，其中第一实体指个别的东西，第二实体表示抽象的种和类，但这里的引文表明，他真正还是把"第一实体"看作严格意义上的"实体"，即既不述说主体，也不依存主体的具体个别事物。在这个意义上说，实体就是只能作为主词，不能作为谓词的东西。近代对实体问题的讨论主要引向了认识论。尽管笛卡尔、斯宾诺莎、莱布尼茨具体地对实体的定义有所区别，但他们都强调实体是独立不倚的东西。例如笛卡尔就认为："凡是被别的东西作为在其主体之中而直接依存其中的东西，或者凡是我们所知觉的东西（即任何特性、性质、属性，我们对其有实在的观念）借以存在的东西，就叫做实体。"①

康德接受了前人对实体的定义，没有对此作进一步的解释。例如，他在论述范畴客体性时，拿实体的概念打比方，把实体的概念直接说成"关于一个作为主词而永远不能仅仅作为谓词存在的某物的概念"②。后来又在"对这个原理体系的总注释"中也将实体的概念说成"某物只能作为主体而不能只作为他物的规定而实存"③。由此可见，第一谬误中的大前提是康德认为确证无疑的。

那么，康德是否也接受小前提呢？事实上，大部分研究者（如斯坦福大学哲学系原教授伍德）④都认为康德反驳这个谬误推理就是要指出小前提存在着问题。这个给定的小前提乍看起来存在着问题，因为从该命题的含义来看，前后半句并不等价。但正如德国学者阿默里克斯（Ameriks）所指出的那样，或许这两个半句在康德那里本来就是相互独立的，并不能相互推导。⑤ 的确，在我看来，康德没有理由拒绝这个小前提，相反，有证明表明他是支持它的。我们按照阿默里克斯提供的线索将两个半句独立地看：首先，"我，作为一个思维着的存在者，就是我的一切可能的判断的绝对主词"无异于说：不同的思维从属于一个共同的"我"，因为思维就是作判断的能力。"绝对的"只是强调了"我"的表象必然只能唯一地以伴随的方式表象我的思维。而统觉原理已经表

---

① 笛卡尔.第一哲学沉思集[M].庞景仁,译.北京:商务印书馆,2007:161.
② 康德.纯粹理性批判[M].邓晓芒,译.北京:人民出版社,2004:99.
③ 同②212.
④ WOOD A W. Kant's dialectic[J]. Canadian Journal of Philosophy, 1975, 5(4): 603.
⑤ AMERIKS K. Kant's theory of mind: An analysis of the paralogisms of pure reason[M]. Oxford: Clarendon Press, 2000: 68.

明,"我"必须能够伴随所有我的表象(思想),统觉的"我"构成了我们客体知识的先验条件。因此,思维着的"我"是"我的一切可能的判断的绝对主词",用康德的统觉原理表达就是,无论是经验判断还是知觉判断所代表的思维都必然地能够被"我思"所伴随。其次,对于后半句,康德似乎并没说过为什么"我"不能作为谓词,相反,他倒是隐含地说过任何概念都可以出现在一个命题中的主词或谓词中。① 但如果我们将这个半句放入小前提中并将其与大前提比较会发现,康德或许仅仅认为"实体"的定义足以解释了后半句的合理性。而且,从康德给出的小前提的最初意图及相关的论证来看,他也只是强调我们必须能够将我的所有的判断归于我。由此可见,小前提在康德看来依然和大前提一样是有说服力的。

  我认为,这个谬误推理的问题确实出现在小前提上,但并不是说小前提自身是错误的,而是理性心理学家在理解这个小前提上出了错。如上所述,小前提的成立基于统觉原理,而理性心理学家在这里产生谬误的推理也是源于对"我"的表象用法的误解。我们知道,休谟早就意识到我们没有关于主体的直观,而康德在此基础上进一步认为既然我们需要认识,就必须认识到我的一切心理状态都必须属于一个持存的意识,即同一的"我"。从形式逻辑来看,统觉原理是分析命题,它克服了休谟的怀疑论,并使我们认识到,我们在认知过程中必须使用这个"我"空的表象。理性心理学家虽然也在使用"我",却仍试图为先验主体找到一个直观,并把这个主体表象为某个实在的东西,因此他们把本应缺乏直观的先验主体看成了对这个"我"的属性的直观。小前提到结论的过渡是非法的,因为"我"作为表象的形式是所有我的思想的绝对主词,它的绝对就在于只要出现思维,"我思"就必然跟随,但这并不意味着"我"就是作为实体性精神性的存在者,因为它不能穷尽理论上的所有可能性:我们完全可以设想一个非精神存在物的实体的灵魂。因此,理性心理学家想要合法地得到最终的结论,即自我是经验的实体,那么这个小前提必须建立在经验性的直观之上,否则就是"把思维的那个持久不变的逻辑主词冒充为对依存性的

---

① 康德.纯粹理性批判[M].邓晓芒,译.北京:人民出版社,2004:86-87.

实在主体的知识"。①

所以理性心理学在理解该命题时混淆了作为所有判断主词的"我思"的表象与作为持久直观的自我。即使我们承认实体性，但它是一种没有持存性的实体，"因为这个我虽然在一切思想中，但却没有任何将之与其他直观对象区别开来的直观与这个表象相联结。所以我们虽然可以知觉到这个表象总是一再地伴随一切思维而出现，但却不能知觉到一个固定不变的直观，在其中各种思想（以变化的方式）交替着"②。究其根源，我思本来只是一个空的表象，是单纯的思维，但理性学家并没有认识到这一点，认为存在着关于这个"我"的内部直观。

康德对第一谬误的结论是："灵魂是实体"这个命题仍然可以保留，但我们只能在"理念"中而不能是在"实在性"中用灵魂去表示一个实体。灵魂缺少了实在性也就意味着它在现实中不能永久地延续下去。我们不禁要问：这样的一种缺少延续性的灵魂还能是实体吗？虽然康德在某种程度上承认了灵魂的这种"理念"的实体性，但他绝不是意图去建立"我是实体"这个命题，哪怕把实体这个存在者理解为空的或者形式的。③ 毋宁说，康德只是承认了"我"这个存在者是"空的或者形式的"，"我"也必然将自己以实体性的方式来看待我自己。康德要澄清的只是，为什么我们必须将自己以实体性的方式来看待自己，并且必然地产生"我是实体"的幻相。

（二）统觉的先验主体无法被认识

上文的分析表明，谬误推理的大前提是对主体的先验谓词的一般定义，而小前提则完全可以，也应该被看作康德统觉原理的表达。先验幻相得以产生的原因就是理性心理学家对统觉的"我思"抑或"我"的误解。这也说明了，先验谬误推理实质上从反面反映出统觉对主体知识起到限制性的作用，因为它使我们看到，我们仅通过统觉的概念绝不能获悉关于主体的任何先天知识。那

---

① 康德.纯粹理性批判[M].邓晓芒,译.北京：人民出版社,2004：311.
② 同①.
③ BENNETT J. Kant's dialectic[M]. Cambridge：Cambridge University Press，1974：72.

么，康德又是如何基于统觉理论从正面解决主体先天知识问题的呢？

一个关键的线索便是，主体通过先验统觉所指向主体的特殊方式，被康德称为"表示"而非"表象"："因为，在我们称之为灵魂的东西中，一切都处于连续的流动之中，而没有任何常驻的东西，也许（如果我们一定要这样说的话）除了那个单纯的'我'之外，之所以如此单纯是因为这个表象没有任何内容，因而没有任何杂多，因此它也显得是在表象或不如说在表示一个单纯的客体。"① 我们通过先验自我意识并不是去表象主体，而是"表示"主体，这种指示主体的特殊之处就在于它并没有进一步对主体进行描述，也不需要通过对主体属性的知悉才指向该主体。这种功能性特征被当代学者休梅克（Shoemaker）称为"无确认的自指"（self-reference without identification）。他在 *Self-Reference and Self-Awareness* 一文中这样来形容无确认的自指的特征："我对我的陈述的主词'我'的使用并不归咎于我已经把那些我所认识的、坚信的或者希望的东西确认为我自己的，也就是说，不归咎于我已经把我陈述的谓词运用于'我'。"② 休梅克这里的意思就是说，我意识到我自己并不是通过任何其他的关于我自己的谓词的这种"确认"才行，只是通过先验自我意识"先验地"意识到我自己是作为认知主体。所以，我通过先验自我意识而意识到我自己的这样一种活动是独立于对其他任何东西的认知或"确认"的。正是基于先验自我意识的这种自指特征，我们才能明白康德为什么说："在统觉的综合本源统一中，我意识到我自己，既不是像我对自己显现的那样，也不是像我自在地本身所是的那样，而只是'我在'。"③ 因为我们通过先验自我意识只是对某物及其他的规定性之间的关系加以肯定，我意识到"我在"（即"我"的实存），但并不代表能通过同一个意识意识到"我"的任何属性，也并不代表我们需要通过关于"我"的属性才能意识到"我"的实存。我们只能肯定地断言，我们通过先验统觉可以意识到"我在"，但不能获得任何关于"我在"的知识。

---

① 康德.纯粹理性批判[M].邓晓芒,译.北京：人民出版社,2004：332.

② SHOEMAKER S S. Self-Reference and self-awareness[J]. The Journal of Philosophy, 1968, 65 (19)：558.

③ 同①104.

所以，我们认识自己时只能达到如同我对自己所显现的那样，而"我"就有了思维的我与作为客体的我之区分，这也是康德针对主体知识问题所提出的积极解决方案。康德说："但正在思维的这个我如何与直观到自身的我（凭借我至少还能把另外一种直观方式设想为可能的而）区别开来，却又与后者作为同一个主体而是等同的，因而我如何能够说：我，作为理智和思维着的主体，把我自己当作被思维的客体来认识，只要我还被通过这客体在直观中给予了我，不过与其他现象一样，并不如同我在知性面前所是的，而是如同我对自己所显现的那样……"① 按照康德的理论，我们之所以可以将自己作为思维的对象，是因为在经验自我意识中，内感官提供了感觉杂多的表象，进而可以认识。所以在经验自我意识中，被表象的自我及其心理属性构成了"经验自我"，它作为世界的一部分，"与其他的现象一样"受时间、范畴的作用。这样一种自我是由一个人的所有的表象状态构成的，包括感情，行动等。② 而统觉的先验主体即先验自我只是一般表象的形式③，是认识的主体，我们对此没有任何的规定。我通过先验自我意识，可以意识到"我在"（即"我"的实存），但没有任何关于"我在"的知识。而一旦先验自我意识开始规定我的实存时，就意味着它开始要把自我当作一个对象去认识，继而我借助于内感官去规定了我的实存，不仅能够经验性地意识到这种实存，还将这种实存以一种确定的方式——心灵状态的主体呈现给自己，形成"我对自身显现的那样"的知识。

四、结语

本文提出区分康德统觉理论的两个不同维度，并揭示了康德统觉理论的完整形态以及其各部分之间的内在结构和逻辑关联。我们通过分析得出以下结论：

（1）统觉是作为思维的形式而对经验具有建构作用。从范畴的先验演绎与范畴的形而上学演绎的两者证明目标出发，我们发现，统觉最终的作用对象应

---

① 康德.纯粹理性批判[M].邓晓芒,译.北京：人民出版社,2004：103.
② BROOK A. Kant and the mind[M]. New York：Cambridge University Press, 1994：91.
③ 同①291.

是经验性直观。而先验演绎的论证结构又决定了，统觉对经验性直观的有效性论证要分两个步骤，先是统觉对一般直观的客观有效性，然后是统觉对经验性直观的有效性。

（2）统觉作为先验自我意识对主体的先天知识起限制性的作用。先验谬误推理的根本错误就在于"对统觉（原理）的误解"。我们仅通过统觉的概念绝不能获悉关于主体的任何先天知识，而消除误解就意味着限制主体知识的扩展。当统觉的先验自我意识指向某个主体时，它只能指示主体的实存，不能表象该主体，即不能构建关于主体的先天知识。我们主体所拥有的关于"我"的知识，只是针对客体的"经验自我"，而不是针对作为主体的"先验自我"。

附录三

康德人格概念的内涵演进及其哲学意义*

* 此文曾发表于《湖北社会科学》2023 年第 5 期。

在康德哲学中，人格（Person）是一个极其重要的概念。康德在《纯粹理性批判》中不遗余力地批判理性心理学的核心命题"灵魂是一个人格"，试图揭示出产生这一幻相的认识论根源，从而宣告传统形而上学在人格问题研究上的失败。而在实践哲学的话语体系中，康德又明确承认"我"就是一个人格，能够对自己的行为归责①；凭借人格的等级和尊严，我把自己无限地提升到其他一切无理性的存在者之上。②由此可见，深入地把握人格概念的丰富内涵，对于准确理解康德哲学的实质无疑具有重要的理论意义。

由于与人格概念对应的人格同一性问题历来是人们重点关注的理论难题，又由于康德论说人格的思想多半还是零星地散见于他的一些主要著作中，不易加以条分缕析和系统化，这就导致了学界在破解康德的人格概念和人格同一理论时往往聚讼纷纭、莫衷一是。以亨利希（Dieter Henrich）为代表的一些学者强调范畴先验演绎对于人格同一的论证作用，认为在康德那里统觉的统一是判断某个东西能否成为人格的标志③；以斯特劳森（P. F. Strawson）为代表的一些学者则指出康德批判先验谬误推理的目的之一就是要消解缺乏经验性规定的人格概念，继而认为康德是把身体或物理性的因素作为衡量人格同一的标准④；还有其他一些学者，如阿默里克斯（Karl Ameriks）主张康德对人格同

---

① 李秋零.康德著作全集：第6卷[M].北京：中国人民大学出版社,2005：231.
② 李秋零.康德著作全集：第7卷[M].北京：中国人民大学出版社,2005：119.
③ HENRICH D. The identity of the subject in the transcendental deduction[M]//SCHAPER E, VOSSENKUHL W. Reading Kant: New Perspectives on Transcendental Arguments and Critical philosophy. Oxford: Basil Blackwell, 1989：250-280.
④ STRAWSON P F. The bounds of sense: An essay on Kant's critique of pure reason[M]. London: Methuen, 1966：162-174.

一持一种怀疑论态度,康德本人实际上并没有提供出有关人格同一性的任何证明。① 本文的目的并非要加入这场旷日持久的哲学纷争中,评判某一理论或观点的是非得失,而是力求把问题的视域退行至最为根本的人格概念本身,通过辨析康德哲学发展的不同时期人格概念所具有的不同内涵,勾勒出康德人格同一思想的初始概貌。② 本文主要围绕以下三个问题展开:(1)通过批判理性心理学,康德究竟主张一种什么样的人格概念?(2)康德是如何实现人格概念的内涵从理论哲学向实践哲学的根本性转变的?(3)就实践的人格概念而言,其内涵的形成与发展又是怎样的?

一、人格概念应具有经验性的规定

康德首次较为集中地探讨人格概念,是在 1781 年前后。在《纯粹理性批判》第一版中,人格是纯粹理性的第三谬误推理"对于人格性"的中心概念,并最终以符合知识特征的形态出现在命题"灵魂是一个人格"中。毋庸讳言,该命题连同背后的推理逻辑一并遭到了康德激烈的批判。在康德看来,理性心理学家从"我思"原则出发试图说明这样一个道理,即作为思维存在者的实体不可分割地具有人格性特征,且他们能够意识到自己是与一切物质相分离的存在。③ 他用三段论来表述理性心理学的这一推理过程:

> 凡是在不同的时间中意识到它自己号数上的同一性的东西,就此而言

---

① AMERIKS K. Kant's theory of mind: An analysis of the paralogisms of pure reason[M]. Oxford: Clarendon Press, 2000: 128-171.
② 邓晓芒从词源学和词义学特别是从人格和人格性的关系角度对康德人格概念的内涵进行解读,他主要依据康德在《实践理性批判》的"动机论"一章对 Person 和 Persönlichkeit(Personalität)两个术语的论述,将两者明确加以区分,分别译作"人格"和"人格性",并在 2016 年以后出版的"三大批判"中都统一采用了这一译法。邓晓芒指出,人格是跨两界的,既涉及此岸中的人身,还涉及彼岸的灵魂的性质,而人格性完全是彼岸的,只属于知性世界。这一区分对于准确把握康德的相关哲学思想十分重要。但需要注意的是,当我们强调人格和人格性内涵之间的差异时也要看到它们之间的联系——在某些场合下甚至会直接导致其含义的一致性。下文我们将表明,康德在理论哲学范围内是承认先验意义的人格概念的,在这种情况下人格与人格性概念就没有实质性的区别。参见邓晓芒. 关于 Person 和 Persönlichkeit 的翻译问题——以康德、黑格尔和马克思为例[J]. 哲学动态,2016(10): 43-50.
③ 康德. 纯粹理性批判[M]. 邓晓芒,译. 北京:人民出版社,2004: 294.

它就是一个人格：

现在灵魂就是如此如此。

所以灵魂就是一个人格。①

我们知道，康德指出几个谬误推理在逻辑上所犯的共同错误是，大前提与小前提的中项的含义看似相同，实则是有歧义的。具体到"对于人格性"，单从大前提的主词来看，"凡是在不同的时间中意识到它自己号数上的同一性的东西"既可指这"东西"意识到自己号上的同一性，又可指它自身在直观中被表象出来，作为某种实体是自同一的。而小前提中同样的这一主词只是表示：这"东西"意识到自己的号上的同一，即作为思维与意识的统一性被思考，并不要求自身同时是作为表象出来的某个实体实际上存在。大前提和小前提的本应含义一致的主词，由于"语言形态的诡辩"导致整个推理过程出现了"四名词"。探其根源，康德认为理性心理学误解了"我思"中"我"的本性。在《纯粹理性批判》范畴先验演绎中，康德已论证了"'我思'必须能够伴随着我的一切表象"，即纯粹意识的思维必须能够伴随于主体的内心中每个时间段出现的经验性意识，因而主体必然会意识到当下的表象、曾经的表象以及将来可能出现的一切表象都属于我自己。到了人格性谬误推理这里，其小前提恰恰表达了康德在先验演绎已经阐释过的这一道理："我"在不同的时间中意识到自己号数上的同一性。然而，这小前提却极易让人误解为，思维的这个"我"现实地就成为自同一的经验性的实体。实际上，即使思维的我会不可避免地把我自己看作某个实体的理念，这一实体在整个的我思的思维中保持着同一性，并且我能够通过实践意识到它的同一性②，但毕竟"我们自身不能依据我们的意识来判断我们是不是作为灵魂而持存的"③。也就是说，单从"我"的思维能力出发，是不能推导出在思维过程中的那个我就是能够意识到我自己数的统一性

---

① 康德.纯粹理性批判[M].邓晓芒,译.北京：人民出版社,2004：319.

② LONGUENESSE B. Kant on the identity of persons[J]. Proceedings of the Aristotelian Society, 2007, 107(2)：154.

③ 同①321.

的经验存在者。

当然,为了彻底驳倒人格性谬误推理,康德还以弹性球之间的撞击为例,力图揭开意识的同一性与实体的同一性之间的关系,以表明先验的人格是自足的,不需要额外地设定实体的同一性。针对理性心理学可能会从先验人格出发推导出经验人格的论证策略,即由第一人称视角转向第三人称,把"我"作为"他"的外感官对象来赋予人格以客观持存性,康德也明确指出这种做法行不通。

从前面的论述可以看出,康德批判人格性的实质是揭示出理性心理学推论逻辑的虚妄性:仅从纯粹思维的"我思"出发,是不能推导出存在着一个经验性实体及其依附于该实体的人格同一的知识。他没有任何理由反对谬误推理的大前提和小前提本身,换言之,康德是接受了理性心理学的人格概念的,即"凡是在不同的时间中意识到它自己号数上的同一性的东西"。这种人格的概念有着两方面的规定:一是保持其号数上同一的统觉的先验统一,二是意识到自身是同一的经验性实体。

但康德在"对于人格性"谬误推理的末尾又说,人格性的概念就其先验的而言是可以保留的,它对于实践的运用是必要的和充分的。① 这意味着,康德一方面批判理性心理学的命题"灵魂是一个人格",认为他们把灵魂误解成了具有持存性的人格性,但另一方面他自己又出于实践哲学的考虑,主张我们可以在先验的意义上保留人格的概念。先验的人格概念显然缺少了我们前面所说的经验性规定,只表示"同一性统觉"之义。

如何看待康德在阐释人格概念时出现的这两种不同观点呢?② 笔者认为,从人格概念的实际运用场合看,经验性的人格概念无疑代表着康德的真正立场,因为重视经验的作用不只是康德理论哲学遵从的基本原则,作为经验面向的感性特征也始终蕴含在康德实践哲学关于人格的一系列重要论断之中。但我们也应注意到,康德的人格思想由于其先验哲学的特点自身暴露出一定的冲突

---

① 康德.纯粹理性批判[M].邓晓芒,译.北京:人民出版社,2004:319.
② 康德两种不同的人格概念在某种程度上为研究者提供了广阔的阐释空间,也是导致人们长期以来对康德人格同一的标准问题争论不休的重要原因之一。我们这里的分析意在表明,只要弄清楚康德是在什么场合下以及在什么意义上谈论人格,很多争论是可以避免的。

性。按照康德理论哲学话语体系，思维和直观是知识得以形成的两个构成要素，缺一不可，人格概念应该包含经验性要素。而按照康德批判哲学的建筑术方法，即便"灵魂是一个人格"此类的命题不具有经验的实在性，但在康德看来它们仍具有理性范导的作用，对于科学的道德形而上学的建构意义重大，就此而言先验意义上的人格概念又是可以保留下来的。①

二、从理论运用到实践运用：人格概念内涵的根本性转变

如果说康德在 1781 年前后主要是从理论理性的角度讨论人格概念，并在那时就先行指出先验的人格概念之于实践哲学的重要性，那么可想而知，他在后来出版的《道德形而上学的奠基》（1785 年）、《实践理性批判》（1788 年）以及《道德形而上学》（1797 年）等一系列著作中必定会加强人格概念道德方面的论述及阐释工作。不过在讨论这点之前有个重要的问题须澄清：既然康德说无经验性规定的人格概念对于实践哲学是必要的和充分的，那么他是如何进一步推进这项工作，实现人格概念的内涵从理论哲学向实践哲学的根本性转变的呢？要回答这个问题，我们可以从康德重写谬误推理的意图中找到关键的线索。

众所周知，康德在 1787 年出版的《纯粹理性批判》（第二版）中对包括人格性的四个谬误推理做了大幅度的删减和修改。康德为什么会那样做？摩尔（Georg Mohr）的看法是，康德的目的既不是想要得出不同于 1781 年的结论，也不是如他自己声称的"为了简短起见"，而是要回应《纯粹理性批判》（第一版）与《道德形而上学的奠基》关于主体的两种不一致的论述所遭受的指责，前者认为主体自身只是作为内感官的现象被认识，后者却认为道德的主体是作为一个智性的存在者，作为一个本体而被意识。因此，摩尔指出，与之前不同，康德在第二版的谬误推理中致力于把人格性概念的实践运用与形而上学的

---

① 朗格认为康德保留先验意义的人格概念的这一做法对经验性的人格概念构成了巨大的威胁，他更是主张康德的道德哲学需要的是一种经验性的人格概念，根本不需要理性心理学的先验的人格概念。本文试图对两种不同的人格概念在康德哲学中的不同作用给出合理性的解释，并将论证先验的人格概念在康德人格思想发展过程中也有着不可替代的作用。朗格的相关论述可参见 LONGUENESSE B. Kant on the identity of persons[J]. Proceedings of the Aristotelian Society，2007，107(2)：159-163.

运用区分开来。摩尔还提出，对人格性概念运用的划分问题（同自由的演绎和道德法则的演绎一道）是康德在出版《道德形而上学的奠基》仅仅一年之后便出版《实践理性批判》的重要推力。①

说康德的两部著作之间存在着主体论述方面的"不一致"，当是一个比较客观的评价，然而这种"不一致"究竟在多大程度上切中康德重写谬误推理的真实意图显然是值得商榷的。至于把对人格性概念的划分提到康德从事"三大批判"之道德批判研究的主要动力的地位，固然突出康德对于《纯粹理性批判》第一版里已然存在的某些问题所做出的补偏救弊的努力，同时也为《纯粹理性批判》第二版的重要性提供出一种可能的解释，但这种看法又不免夸大了人格概念的作用，不能符合康德谋划直至建构自己哲学体系所设定的主要问题域。但必须加以肯定的是，摩尔的解读，特别是他指出康德在 1787 年强调人格性概念的实践运用②，是理解康德实现人格概念的内涵发生根本性转变的中心环节。在这里首先弄清楚理性的理论运用（即形而上学运用）与实践运用之间的关系，就变得尤为关键。

所谓理性的理论运用，"真正说来涉及的只是纯粹的认识能力……它很容易超出自己的界限而迷失于那些不可达到的对象或者甚至是相互冲突的概念之中"③。"纯粹的认识能力"既指向先天直观形式和先天范畴，构成人类知识形成的先天条件，同时也指向先验理念，由于理性追求统一的本性，超出经验的界限，迷失在了谬误推理、二律背反等的辩证矛盾中。理性的实践运用涉及的对象不是纯粹的认识能力，而是意志，"在这种运用中理性所关心的是意志的规定根据，这种意志要么是一种产生出与表象相符合的对象的能力，要么毕竟是一种自己规定自己去造成这些对象（不论身体上的能力现在是否充分）、亦

---

① MOHR G. Der Begriff der Person bei Kant, Fichte und Hegel[M]//STURMA D. Person. Paderborn: mentis, 2004: 105-106.

② 也可以说康德在《纯粹理性批判》第一版出版后意识到理论的人格概念和实践的人格概念之间的张力，进而在第二版中就强调人格性概念的实践运用。参见 KALLIO L. Der Begriff der Person bei Kant, Hegel und Snellman[J]. Hegel-Jahrbuch, 2017, 31(1): 203-204.

③ 康德. 实践理性批判[M]. 邓晓芒, 译. 北京: 人民出版社, 2016: 15.

即规定自己的原因性的能力"①。在康德看来,理性的实践运用以两种可能的方式使理性获得意志的规定根据:一种是意志按照自己的目的通过其行为得以实现;另一种是即便意志为自己设定的目标并未实现,但其行为仍是出于自己的自由意志,从而造成了一定的现实后果。无论采取哪一种方式,理性的实践运用从根本上遵循的是道德律的自由意志,不受经验性的局限,尽管意志的行为本身要对感官世界起作用。

在《实践理性批判》的序言中,康德明确指出理性的理论运用和实践运用是通过自由的理念得以联结的。②关于自由问题,康德认为,如果我们的实存只是受制于时空的先天直观形式,服从自然律的因果性,世界上就没有先验的自由可言。任何行动受自然律的因果性所决定,也就谈不上道德上的归责。反过来说,只有设想我们是作为纯粹智性存在者的一员,属于一个理智的世界,自由和道德才是可能的。因此,在理论哲学层面,康德通过二律背反的解决为自由留有余地。当转入实践哲学后,康德直言自由是"唯一的这种理念,我们先天地知道其可能性,但却看不透它,因为它是我们所知道的道德律的条件,而上帝和不朽的理念并不是"③。自由之所以在道德哲学中的地位优先于上帝和不朽的概念,就在于它是道德律的条件,具体说是道德律的"存在理由",即没有自由,就没有道德律。在康德那里,不朽和上帝的概念虽不如自由一样以"理性的事实"得到证明,"却是在道德上被规定了的意志运用于先天地被给予它的那个客体(至善)之上的诸条件"④。灵魂不朽和上帝存有是以纯粹实践理性的悬设(Postulat)的形式被康德确立下来。也就是说唯有设定灵魂不朽和上帝存有,才能让有限的理性存在者依照道德法则行动的目标无限趋向于至善。

通过从理性的理论运用到实践运用的转换,康德把自由、不朽和上帝的理念从思辨理性中拯救出来,重新赋予它们在纯粹理性批判体系中的权限和地

---

① 康德.实践理性批判[M].邓晓芒,译.北京:人民出版社,2016:15.
② 同①3.
③ 同①2.
④ 同③.

位。其中自由是整个纯粹理性体现大厦的"拱顶石",不朽和上帝的概念通过自由获得纯粹理性的主观必要性,也使得自由意志以道德律规定自己实现至善成为可能。作为灵魂不朽的人格谓词在理性的实践运用中之所以是不可或缺的,是因为一个理性存在者要想实现道德上的至善,必须以"同一个有理性的存在者的某种无限持续下去的生存和人格性"为前提。① 而对自由可能性的论证从根本上为这样的一个人格概念提供了理论上的支撑。于是,先验人格的概念通过理性的实践运用可以"运用于自由和自由的主体身上"。②

三、作为服从自由法则的人格概念

现在来看康德是如何思考、阐释实践的人格概念的。在《道德形而上学的奠基》中,康德侧重于从自由因果性即目的和手段之间的关系来解释人格:

> ……理性存在者被称为人格,因为它们的本性就已经使它们凸显为目的自身,亦即凸显为不可以仅仅当做手段来使用的东西,所以就此而言限制着一切任性(并且是敬重的一个对象)。③

在这段对人格的看法之中,有两点值得特别指出。其一,承认理性存在者是作为目的自身而实存的观点很重要,因为它是一个定言命令得以可能的前提。④ 在康德看来,与作为手段、只具有相对价值的物不同,理性存在者是因其本性凸显为目的自身被称为人格,具有绝对价值。目的自身(客观目的)限制着我们的行动,使其摆脱偶然性因素的影响,不遵从某个任意的、个别的目的。唯有当理性存在者凸显为目的自身时,其行动才可以被解释为是出自定言命令的实践原则。人格的绝对价值恰恰体现在,我们不能把他人的人格仅仅当做手段来利用,而没有考虑他人作为理性存在者,在任何时候都应当同时作为

---

① 康德.实践理性批判[M].邓晓芒,译.北京:人民出版社,2016:153.
② 同①309。
③ 李秋零.康德著作全集:第4卷[M].北京:中国人民大学出版社,2005:436.
④ KLEMME H. Kants „Grundlegung zur Metaphysik der Sitten": Ein systematischer Kommentar [M]. Stuttgart: Reklam, 2017: 100.

目的。其二,究竟是什么样的本性使一个理性存在者凸显为目的自身的呢?对于这个问题,康德在《实践理性批判》就讲得很清楚了,他说理性存在者就其"作为上帝意志的造物而言,……只有凭借人格性这些造物才是自在的目的本身"①。问题的答案是人格性。其实,从康德的行动理论去看,如果有人要问:人格为什么能成为被敬重的一个对象?这首先是因为他的行动"绝对必须用对义务的敬重(作为唯一真正的道德情感)当做动机"②。义务的"高贵出身的根"指的又是什么呢?康德的回答同样是人格性。③对人格的敬重感从根本上源于一个理性存在者绝对服从义务的人格性。由此可见,《道德形而上学的奠基》中的人格概念实质上是以人格性作为自己的规定为根据的。这一思想在《实践理性批判》中以更加明确的方式被康德提了出来:

> 这个东西决不会低于那使人类提升到自身(作为感官世界的一部分)之上的东西,……这个东西不是别的,正是人格性,也就是摆脱了整个自然的机械作用的自由和独立,但它同时却被看作某个存在者的能力,这个存在者服从自己特有的,也就是由他自己的理性给予的纯粹实践法则,因而人格作为属于感官世界的人格,就他同时又属于理知世界而言,则服从他自己的人格性;这就不必奇怪,人作为属于两个世界的人,不能不带有崇敬地在于他的第二个和最高的使命的关系中看待自己的本质,也不能不以最高的敬重看待这个使命的法则。④

按照康德哲学现相—本体之划分,作为受经验性规定的人格属于感性的现相世界,其行动必然会受到各种利益、爱好等倾向的影响。当这人格按照纯粹实践理性的法则行动时,它又是属于理知的本体世界,服从于自己的人格性。只属于理知世界的人格性由于摆脱了整个自然的机械作用,显示出完全的自由和独

---

① 康德.实践理性批判[M].邓晓芒,译.北京:人民出版社,2016:109.
② 同①107。
③ 同①108-109。
④ 同③。

立，便能将同时属于感官世界和理知世界的人格提升到纯粹实践理性的秩序中去。康德说："人虽然是够不神圣的了，但在其人格中的人性（Menschheit）对人来说却必然是神圣的。"① 人格中的人性固然参杂着诸多的感性欲望，但由于人格服从人格性，人也就被提升到了具有尊严的高度。神圣的不是人格，更不是人性，而是人格性。

康德在《实践理性批判》里对人格内涵的另外一个重要推进，是将人格概念置于不同的"关系"范畴下揭示出由一般实践理性向纯粹实践理性逐步进阶的自由范畴，为《道德形而上学的奠基》中的人性公式提供了方法论根据。在《实践理性批判》"着眼于善恶概念的自由范畴表"部分，康德依照十二知性范畴表中的关系范畴论说人格：

3. 关系：
与人格性的关系
与人格状态的关系
一个人格对其他人格的状态的交互关系②

从康德的表述来看，前两项略去了主词"一个人格"——完整的说法应该是"一个人格与人格性的关系""一个人格与人格状态的关系"。③ 由于自由范畴表属于"纯粹实践理性的对象的概念"一章，讨论的是意志与行动的关系，所以用"道德中立的含义"（moralneutrale Bedeutung）来理解这三个范畴，将它们解释为"一个行动理论的基本概念"的做法，是可取的。④（1）为了评价某个行动在道德上是善还是恶，我们必须将现象中发生的某一事件与主体概念联系起来，因为这样才能把该事件解释为行动的使然。主体作为行动的发起者，如果它不论受到什么动机的驱使仍能坚持其行动前后的一贯性，那么这主

---

① 康德.实践理性批判[M].邓晓芒,译.北京：人民出版社,2016：109.
② 同①83.
③ 邓晓芒.康德《实践理性批判》中的自由范畴表解读[J].哲学研究,2009(9)：69.
④ MOHR G. Der Begriff der Person bei Kant, Fichte und Hegel[M]//STURMA D. Person. Paderborn：mentis, 2004：111.

体就是人格性。人格性赋予主体规定自己行动的法则，服从法则之下的行动就是自由的表现。人格性充当实体的角色，人格则是偶性。当一个人格被置于与体现自己本质的人格性的关系中时，他也就被提升为自由的道德主体。（2）为了评价某个行动在道德上是善还是恶，我们还必须将现象中发生的事件摆放在与某个人格状态（不论是物理的还是心理的）所导致的一个结果的关系中。这项自由范畴反映的是自由因果性关系，即从原因与结果的范畴来看，作为理性存在者的人格因为人格性之故应被看作自在目的本身，不能仅仅被当作手段。人格既作为自在目的的存在者，那么一个人格对待他人时也要同时考虑到对方的人格是自在的目的。（3）最后，为了评价某个行动在道德上是善还是恶，我们必须将现象中发生的事件置于与其他同等的人格状态及行动的关系中。由于我们需要从道德动机的角度估价在其他人格身上发生的事件，所以须将行动置于所有行为者组成的共同体之下加以考察。这反映的是主动与受动之间的交互作用，针对的是作为"任何有理性的、作为立法者的存在者"的人格。① 康德认为，一个理性存在者由于他的准则对普遍立法的适宜性才凸显为目的自身，所以他就必须能够同时把自己视为普遍立法者。② 知性世界正是通过每一个人格自己的立法成为一个目的的王国。

人格的这三项自由范畴与《道德形而上学的奠基》的论题密切相关，暗合着定言命令的三个变形公式。③ 第一项是人格通过人格性把理性存在者提升为自由的主体，使"你的行为的准则应当通过你的意志成为普遍的自然法则似的"④。第二项是人格凭借人格性凸显为自在目的的存在者，要求："你要如此行动，即无论是你的人格中的人性，还是其他任何一个人的人格中的人性，你在任何时候都同时当做目的，绝不仅仅当做手段来使用。"⑤ 第三项把人格从自在目的的存在者再次上升到立法的高度，使"每一个理性存在者的意志都是一

---

① 李秋零.康德著作全集：第 4 卷[M].北京：中国人民大学出版社，2005：447.
② 同①446。
③ 邓晓芒.康德《实践理性批判》中的自由范畴表解读[J].哲学研究，2009(9)：70.
④ 同①429。
⑤ 同①437。

个普遍立法的意志"。① 由此可见,《实践理性批判》的关系范畴为《道德形而上学的奠基》的三个变形提供了合理性根据,体现了自由的概念从自由任意到自由意志并达到自由法则的一个逐级上升的历程。

到了《道德形而上学》,康德对人格概念的解释进入"模态"的范畴层面,明确其实质就是"归责",他也不再从一般意义上谈论人格性,而是从总体上反思了分属理论哲学和实践哲学的两种不同的人格性概念,并试图表明正是一个人格的归责能力将两者联结起来。康德写道:

> "人格"是其行为能够归责的主体。因此,道德上的人格性不是别的,就是一个理性存在者在道德法则之下的自由(但是,心理学的人格性只是意识到其自身在其存在的不同状态中的同一性的那种能力)。由此得出,一个人格仅仅服从自己(要么单独地、要么至少与其他人格同时)给自己立的法则。②

康德对两种人格性的表述隐含着两种人格的概念,即道德学意义上的人格和心理学意义上的人格。道德学的人格指向的是实施行为的道德主体,它的行动与自己立的自由法则即道德律相一致,从而能够归责。③ 心理学的人格涉及的对象不是意志,是限于认识论的"意识到其自身在其存在的不同状态中的同一性"。在《实用人类学》中,康德对心理学人格概念的描述更加详细,"人能够在其表象中具有自我,这把他无限地提升到其他一切生活在地球上的存在者之上。由此,他是一个人格,并且凭借在其可能遇到的所有变化时的意识统一性而是同一个人格,也就是说,是一个由于等级和尊严而与人们能够随意处置和支配的、诸如无理性的动物这样的事物截然不同的存在者……"④ 这里的引

---

① 李秋零.康德著作全集:第4卷[M].北京:中国人民大学出版社,2005:439.
② 李秋零.康德著作全集:第6卷[M].北京:中国人民大学出版社,2005:231.
③ 例如,从维护道德学意义上的人格统一性来看,由于不能撒谎符合理性颁布给自己的法则,所以我们的行动不能违背不能撒谎的义务,否则不论后果如何,该行为都是不道德的。参见刘作.不能撒谎与人格的统一性[J].哲学动态,2021(4):88-91.
④ 李秋零.康德著作全集:第7卷[M].北京:中国人民大学出版社,2005:119.

文表明，人格同一的形成看似需要满足"自我关涉"和"历时的同一"两个条件，即自我意识的本质特征是自指的，能够"具有自我"，并且这自我在可能遇到的所有变化中能保持自身意识的统一。但从根本上说，这两者无一例外地指向心理学人格概念的本质性规定：统觉的统一。

现在的问题是：道德学的人格概念与心理学的人格概念之间存在着怎样的关系？朗格（Béatrice Longuenesse）指出，"康德在一段时间内曾认为，在思维中涉及的意识的统一不仅对于心理学的人格而且对道德学的人格都是既充分又必要的。但在第一版的《纯粹理性批判》之后，康德随即明确表示，要成为道德意义上的人格，除了涉及统觉的统一外，还需要对道德法的意识"。① 统觉的统一在人格的形成中占据首要的位置，它使得每一个理性存在者可以在不同的时间中追溯自己的行为进而对其归责，构成心理学与道德学双重意义上的人格同一得以可能的先决条件。而道德学的人格同一又是以心理学的人格同一为前提的。这并不是说康德关于人格的实践概念来源于理论的人格概念，它只是表明，一旦离开理论的人格概念，离开自我意识及其结构，实践的人格概念就是无法设想的。② 事实上，康德在第一版《纯粹理性批判》之后确实非常强调服从自由的道德法则对于实践人格形成的重要性，并且认为作为道德行为者的人格必须意识到个人的行为服从于纯粹实践理性为自己颁布的绝对命令。康德甚至认为，"一个被赋予实践理性能力和其任性的自由意识的存在者（一个人格），即使处于一个义务法则之下的最模糊的表象中间，处于他受到或者通过他别人受到公正或者不公正待遇的情感（这情感在这种情况下就叫做道德情感）之中，也发现自己在这种意识之中"③。究其原因，与"我思"的实存性相似，基于纯粹实践理性的道德人格对于"我"而言也是我意识到道德法的一个"事实"，即我意识到我能够并且应该按照一条法则去行动，这对于每一个人来说都是无条件的。所以从意识的结构来看，实践的人格与理论的人格有着同根

---

① LONGUENESSE B. Kant's multiple concepts of person[M]//WATKINS E. Kant on persons and agency. Cambridge: Cambridge University Press, 2018: 171.
② SIEP L. Person and law in Kant and Hegel[M]//SCHÜRMANN R. The public realm: Essays on discursive types in political philosophy. Albany: State University of New York, 1989: 87.
③ 李秋零.康德著作全集：第7卷[M].北京：中国人民大学出版社,2005: 319.

的亲缘性，实践的人格概念决不会导致统觉意识理论的瓦解，毋宁说它是对意识理论，也是对理论的人格概念的一个补充和完善。

四、结语

康德延续洛克和莱布尼茨的近代哲学传统，将号数上的同一性看作人格的根本性规定，认为这同一是构成某个东西能自始至终持续下去，保持自身独一无二性的重要根据。在此基础上，他们都从心理学和道德学两个方面对人格概念进行划分，认为心理学上的人格同一是道德学意义上人格同一的必要条件。康德的独到见解在于，一方面引进"人格性"的线索去解读人格概念的内涵，既强调人格的经验性规定的实在性，又保留住了人格的理性范导的理念性，赋予人格概念更深广的内容；另一方面对心理学和道德学人格的关系做出了推进，特别地指出道德人格形成的行动基础，即理性存在者的行动应无条件地服从道德律，把人格概念中的道德因素提升到一个崭新的层面。

应当说，康德解读人格概念的思路十分契合他自己主张的实践理性优于理论理性的观点，为人们清晰地展现出一幅人格概念的内涵演进的画卷：意识理论是如何通过自由的概念进入道德法则的。从康德人格概念的内涵演进的视角出发，我们可以深刻地领悟康德对理性心理学的批判为什么是基于范畴先验演绎的，亦能窥探到康德重写《纯粹理性批判》谬误推理部分的主要意图之所在，同时也对《道德形而上学的奠基》《实践理性批判》《道德形而上学》等相关的重要文本及它们之间的关系做出了新的阐释。总之，充分揭示出康德人格概念的丰富内涵及其演进历程，从而对康德哲学做出更深入、更合理的阐释具有重大的意义。

主要参考文献

中文类

1. 原著

[1] 贝克莱. 人类知识原理 [M]. 关文运, 译. 北京：商务印书馆, 1973.

[2] 笛卡尔. 第一哲学沉思集 [M]. 庞景仁, 译. 北京：商务印书馆, 2007.

[3] 笛卡尔. 谈谈方法 [M]. 王太庆, 译. 北京：商务印书馆, 2000.

[4] 费希特. 全部知识学的基础 [M]. 王玖兴, 译. 北京：商务印书馆, 2007.

[5] 黑格尔. 精神现象学 [M]. 贺麟, 王玖兴, 译. 上海：上海人民出版社, 2013.

[6] 黑格尔. 哲学史讲演录 [M]. 贺麟, 王太庆, 等译. 上海：上海人民出版社, 2013.

[7] 胡塞尔. 纯粹现象学通论 [M]. 李幼蒸, 译. 北京：商务印书馆, 2012.

[8] 胡塞尔. 欧洲科学的危机与超越论的现象学 [M]. 王炳文, 译. 北京：商务印书馆, 2001.

[9] 康德. 纯粹理性批判 [M]. 邓晓芒, 译. 北京：人民出版社, 2004.

[10] 康德. 实践理性批判 [M]. 邓晓芒, 译. 北京：人民出版社, 2016.

[11] 康德. 判断力批判 [M]. 邓晓芒, 译. 北京：人民出版社, 2007.

[12] 康德. 康德书信百封 [M]. 李秋零, 编译. 上海：上海人民出版社, 2006.

[13] 康德. 未来形而上学导论 [M]. 李秋零, 译. 北京：中国人民大学出版社, 2013.

[14] 李秋零. 康德著作全集 1—9 卷 [M]. 北京：中国人民大学出版社, 2013.

[15] 莱布尼茨. 人类理智新论 [M]. 陈修斋, 译. 北京：商务印书馆, 1982.

[16] 莱布尼茨. 神义论 [M]. 朱雁冰, 译. 北京：生活·读书·新知三联书店, 2007.

[17] 莱布尼茨. 新系统及其说明 [M]. 陈修斋, 译. 北京：商务印书馆, 1999.

[18] 洛克. 人类理解论 [M]. 关文运, 译. 北京：商务印书馆, 2015.

[19] 梅洛-庞蒂. 知觉现象学 [M]. 姜志辉, 译. 北京: 商务印书馆, 2001.

[20] 谢林. 对人类自由的本质及其相关对象的哲学研究 [M]. 邓安庆, 译. 北京: 商务印书馆, 2008.

[21] 谢林. 先验唯心论体系 [M]. 梁志学, 石泉, 译. 北京: 商务印书馆, 2006.

[22] 休谟. 人性论 [M]. 关文运, 译. 北京: 商务印书馆, 1980.

[23] 亚里士多德. 范畴篇　解释篇 [M]. 方书春, 译. 北京: 商务印书馆, 2013.

[24] 亚里士多德. 形而上学 [M]. 吴寿彭, 译. 北京: 商务印书馆, 2007.

2. 论著

[1] 白海霞. 康德的目的论系统 [D]. 武汉: 武汉大学, 2016.

[2] 柄谷行人. 跨越性批判: 康德与马克思 [M]. 赵京华, 译. 北京: 中央编译出版社, 2018.

[3] 陈嘉明. 建构与范导: 康德哲学的方法论 [M]. 上海: 上海人民出版社, 2013.

[4] 邓晓芒. 《纯粹理性批判》句读 [M]. 北京: 人民出版社, 2010.

[5] 邓晓芒. 康德《判断力批判》释义 [M]. 北京: 生活·读书·新知三联书店, 2008.

[6] 邓晓芒. 康德《实践理性批判》句读（上中下）[M]. 北京: 人民出版社, 2019.

[7] 邓晓芒. 康德哲学讲演录 [M]. 桂林: 广西师范大学出版社, 2005.

[8] 邓晓芒. 康德哲学诸问题 [M]. 北京: 生活·读书·新知三联书店, 2006.

[9] 邓晓芒. 冥河的摆渡者 [M]. 武汉: 武汉大学出版社, 2007.

[10] 邓晓芒. 思辨的张力 [M]. 北京: 商务印书馆, 2014.

[11] 段德智. 莱布尼茨哲学研究 [M]. 北京: 人民出版社, 2010.

[12] 韩水法. 批判的形而上学 [M]. 北京: 北京大学出版社, 2009.

[13] 黄裕生. 真理与自由: 康德哲学的存在论阐释 [M]. 江苏: 江苏人民出版社, 2023.

[14] 李泽厚. 批判哲学的批判 [M]. 北京: 人民出版社, 1984.

[15] 倪梁康. 自识与反思: 近现代西方哲学的基本问题 [M]. 北京: 商务印书馆, 2002.

[16] 库恩. 康德传 [M]. 黄添盛, 译. 上海: 上海人民出版社, 2008.

[17] 齐良骥. 康德知识学 [M]. 北京: 商务印书馆, 2000.

[18] 舒远招. 西方哲学原著精义选讲 [M]. 长沙: 湖南教育出版社, 2011.

[19] 温纯如. 认知、逻辑、价值: 康德《纯粹理性批判》新探 [M]. 北京: 中国社会科学出版社, 2002.

[20] 杨祖陶. 德国古典哲学逻辑进程 [M]. 武汉: 武汉大学出版社, 2006.

［21］杨祖陶，邓晓芒. 康德《纯粹理性批判》指要［M］. 北京：人民出版社，2001.

［22］曾晓平. 自由的危机与拯救：康德自由理论研究［D］. 武汉：武汉大学，1995.

［23］赵广明. 康德的信仰：康德的自由、自然和上帝理念批判［M］. 南京：江苏人民出版社，2008.

3. 论文

［1］邓晓芒. 关于 Person 和 Persönlichkeit 的翻译问题：以康德、黑格尔和马克思为例［J］. 哲学动态，2015（10）：43-50.

［2］宫睿. 论康德对人格同一性问题的取消主义立场：对康德《纯粹理性批判》第一版第三谬误推理的解读［J］. 哲学评论，2015（2）：15-46.

［3］苏德超. "我"是谁：从维特根斯坦的角度看［J］. 华中科技大学学报（社会科学版），2009（3）：56-60.

［4］温纯如. 康德自我学说的理论渊源［J］. 安徽大学学报（哲学社会科学版），2004（5）：10-17.

［5］吴宏政. 试析"第二谬误推理"中的消极证明与先验幻相［J］. 天津社会科学，2012（6）：50-54.

［6］俞吾金. 康德两种因果性概念探析［J］. 中国社会科学，2007（6）：29-40，204-205.

外文类

1. 著作

［1］ALLISON H E. Idealism and freedom［M］. New York：Cambridge University Press，1996.

［2］ALLISON H E. Kant's transcendental idealism：an interpretation and defense［M］. New Haven and London：Yale University Press，1983.

［3］ALLISON H E. Kant's transcendental idealism：revised and enlarged edition［M］. New Haven and London：Yale University Press，2004.

［4］AMERIKS K. Kant and the fate of autonomy［M］. Cambridge：Cambridge University Press，2000.

［5］AMERIKS K. Kant and the historical turn：philosophy as critical interpretation［M］. Oxford：Clarendon Press，2006.

［6］AMERIKS K. Kant's theory of mind：an analysis of the paralogisms of pure reason［M］.

Oxford: Clarendon Press, 2000.

[7] BECK L W. Essays on Kant and Hume [M]. New Haven and London: Yale University Press, 1978.

[8] BENNETT J. Kant's analytic [M]. Cambridge: Cambridge University Press, 1966.

[9] BENNETT J. Kant's dialectic [M]. Cambridge: Cambridge University Press, 1974.

[10] BIRD G. Kant's theory of knowledge [M]. London: Routledge and Kegan Paul, 1962.

[11] BROAD C D. Kant [M]. London: Cambridge University Press, 1978.

[12] BROOK A. Kant and the mind [M]. New York: Cambridge University Press, 1994.

[13] CARANTI L. Kant and the scandal of philosophy [M]. Toronto and Buffalo: University of Toronto Press, 2007.

[14] CARR D. The paradox of subjectivity: the self in the transcendental tradition [M]. New York and Oxford: Oxford University Press, 1999.

[15] CLEVE J V. Problems from Kant [M]. New York and Oxford: Oxford University Press, 1999.

[16] EWING A C. A short commentary on Kant's Critique of Pure Reason [M]. Chicago: The University of Chicago Press, 1938.

[17] GUYER P. Kant and the claims of knowledge [M]. Cambridge: Cambridge University Press, 1987.

[18] HENRICH D. Between Kant and Hegel [M]. Cambridge, Mass.: Harvard University Press, 2008.

[19] HENRICH D. The unity of reason [M]. Cambridge, Mass.: Harvard University Press, 1994.

[20] HOWELL R. Kant's transcendental deduction [M]. Dordrecht, Boston and London: Kluwer Academic Publishers, 1992.

[21] KANT I. Critique of pure reason [M]. New York: St. Martin's, 1929.

[22] KANT I. Kritik der reinen Vernunft [M]. Hamburg: Felix Meiner Verlag, 1956.

[23] KITCHER P. Kant's transcendental psychology [M]. New York and Oxford: Oxford University Press, 1990.

[24] KÖRNER S. Kant [M]. London: Penguin Books, 1955.

[25] LONGUENESSE B. Kant and the capacity to judge [M]. Princeton: Princeton University

Press, 1998.

[26] MELNICK A. Kant's theory of the self [M]. New York: Routledge, 2009.

[27] NEUHOUSER F. Fichte's theory of subjectivity [M]. New York: Cambridge University Press, 1990.

[28] PATON H J. Kant's metaphysic of experience [M]. New York: Macmillan, 1961.

[29] PIPPIN R B. Hegel's idealism: the satisfactions of self-consciousness [M]. Cambridge: Cambridge University Press, 1989.

[30] STRAWSON P F. The bounds of sense [M]. London: Methuen, 1966.

[31] WALKER R C S. Kant [M]. London: Routledge and Kegan Paul, 1978.

[32] WOLFF R P. Kant's theory of mental activity [M]. Cambridge, Mass.: Harvard University Press, 1963.

2. 论文

[1] AMERIKS K. Kant and the self: a rotrospective [C] // Figuring the Self. Albany: State University of New York, 1997.

[2] AMERIKS K. Understanding apperception today [C] // Kant and Contemporary Epistemology. Dordrecht, Boston and London: Kluwer Academic Publishers, 1994.

[3] CARL W. Apperception and spontaneity [J]. International Journal of Philosophical Studies, 1997, 16: 147-163.

[4] CARL W. Kant's first drafts of the deduction of the categories [C] //FÖRSTER E. Kant's Transcendental Deductions. California: Stanford University Press, 1989.

[5] DYCK C W. A Wolff in Kant's clothing: Christian Wolff's influence on Kant's accounts of consciousness, self-consciousness, and psychology [J]. Philosophy Compass, 2011, 6 (1): 44-53.

[6] Edwin McCann, Skepticism and Kant's B deduction [J]. History of Philosophy Quarterly, 1985, 2 (1): 71-89.

[7] GUYER P. Kant on apperception and "a priori" synthesis [J]. American Philosophical Quarterly, 1980, 17 (3): 205-212.

[8] HENRICH D. The identity of the subject in the transcendental deduction [C] // Reading Kant. Oxford: Basil Blackwell, 1989.

[9] HENRICH D. The proof-structure of Kant's transcendental deduction [J]. The Review of

Metaphysics, 1969, 22 (4): 640-659.

[10] KALLIO L. Der Begriff der Person bei Kant, Hegel und Snellman [J]. Hegel-Jahrbuch, 2017 (1): 202-208.

[11] KITCHER P. Kant on self-identity [J]. The Philosophical Review, 1982, 91 (1): 41-72.

[12] KITCHER P. Kant's real self [C] //WOOD A W. Self and Nature in Kant's Philosophy. Ithaca and London: Cornell University Press, 1984.

[13] LONGUENESSE B. Kant on the identity of persons [J]. Proceedings of the Aristotelian Society, 2007, 17: 149-167.

[14] MOHR G. „Der Begriff der Person bei Kant, Fichte und Hegel " [C] //Person. Paderborn: mentis, 2001.

[15] NAKANO H. Selbstaffektion in der Transzendentalen Deduktion [J]. Kant-Studien, 2011, 102 (2): 213-231.

[16] ONORA O N. Transcendental synthesis and developmental psychology [J]. Kant-Studien, 1984, 75 (1-4): 149-167.

[17] PIPPIN R B. Kant on the spontaneity of mind [J]. Canadian Journal of Philosophy, 1987, 17 (2): 449-475.

[18] SELLARS W. Metaphysics and the concept of a person [C] // Essays in Philosophy and Its History. Dordrecht: Reide, 1974.

[19] SELLARS W. "... this I or he or it (the thing) which thinks..." [J]. Proceedings and Addresses of American Philosophical Association, 1970-1971, 44: 5-31.

[20] SHOEMAKER S S. Self-reference and self-awareness [J]. The Journal of Philosophy, 1968, 65 (19): 555-567.

[21] THIEL U. Between Wolff and Kant: Merian's theory of apperception [J]. Journal of the History of Philosophy, 1996, 34 (2): 213-232.

[22] WILSON M D. Leibniz and materialism [J]. Canadian Journal of Philosophy, 1974, 3 (4): 495-513.

[23] WOOD A W. Kant's dialectic [J]. Canadian Journal of Philosophy, 1975, 5 (4): 595-614.

后 记

　　2016年博士毕业至今，快八年过去了。读研究生时我就抱着要读通康德《纯粹理性批判》的决心，选择了其中最为晦涩难懂的"范畴先验演绎"作为硕士学位论文的主题。攻读博士期间，我的研究兴趣仍集中在康德知识论，除了反复研读康德的原著原文，特别是"第一批判"外，我还执着于搜罗和阅读林林总总的所谓英语、德语学界的权威解读。现在看来，当初无论如何调动一切可能的资料，哪怕使尽浑身解数，的的确确是要遭受康德深邃思想一次次无情的嘲弄的。其实，读书如此，人生又何尝不是？然而，在学生时代由纯粹读书而获得的独特自由感，一直萦绕于心头，让人难以忘却，以至于留恋着往昔的美好。

　　本书是在我的博士论文《康德的统觉理论研究》的基础上修改而成的。在博士论文写作过程中，我得到了导师曾晓平教授的悉心指导，今天，面对着这部即将付梓的书稿，心中更是充满着对恩师的感激之情。舒远招教授、邓晓芒教授、赵林教授、朱志方教授、苏德超教授、戴茂堂教授、杨云飞教授以及周玄毅副教授在不同场合给我提出过建设性的意见，在他们的鼓励和指教下，本书最终得以呈现于读者面前。

　　博士毕业后，我把论文中的一些内容加以改写，以文章的形式在一些杂志上陆续发表，主要有：《康德统觉理论的两个维度》，载《四川师范大学学报（社会科学版）》2018年第2期；《康德统觉理论中的主体知识问题》，载《中南大学学报（社会科学版）》2018年第5期；《如何理解康德的统觉概念》，载《现代外国哲学》2020年第2期；《论康德对理性心理学的批判——以〈纯粹理性批判〉A版谬误推理为中心》，载《湘潭大学学报（哲学社会科学版）》

2021年第2期；《从康德的体系思维看"自我"的三种形式及其关系》，载《系统科学学报》2021年第3期；《德国古典哲学中的统觉概念及其现象学改造》，载《齐齐哈尔大学学报（哲学社会科学版）》2023年第3期。在此，谨向这些刊物的编辑和主管一并表示感谢。

东南大学出版社的陈淑编辑为本书的出版付出了辛勤的劳动，在此表示深切的感谢。

唐红光

2024年2月